バリュー・マーチャント

「価値」で勝負するＢｔｏＢマーケター

VALUE MERCHANTS

Demonstrating and Documenting Superior Value in Business Markets

ジェームズ・C・アンダーソン
ニラマルヤ・クマー
ジェームズ・A・ナラス

監修：鳥山正博　稲葉直彦
訳：岡村桂

THOUSANDS OF BOOKS

VALUE MERCHANTS

by James C. Anderson, Nirmalya Kumar and James A. Narus

Published by arrangement with Harvard Business Review Press.
through Tuttle-Mori Agency, Inc., Tokyo

ペリーとロスへ
いつも私をワクワクさせてくれる
愛すべき息子たち
――ジェームズ・C・アンダーソン

ビジェイ・ミッタルへ
彼こそがバリューマーチャントであり
かけがえのない友人だ
――ニラマルヤ・クマー

サイモン&ジュヌビエーブ・ナラスへ
生涯にわたって
勇気と支援を与えてくれたことに
感謝している
――ジェームズ・A・ナラス

はじめに

本書は、ＢｔｏＢ市場（企業、団体、政府機関などを対象とした市場）で営業活動をしているゼネラルマネジャー、マーケティングマネジャー、セールスマネジャーにぜひ読んでいただきたい。

マネジャーたちから発せられる共通の嘆きは、「優れた価値を持つ製品やサービスを顧客に提供しているのに、それを顧客になかなか納得してもらえない」こと。限られた時間で目に見える成果を求められている顧客のマネジャーは、「いかにして価格を下げるか」ということだけを考えているように見える。

なぜこうなってしまうのか？　誤った顧客価値を提案しているからか？　ライバル社が提供する製品やサービスよりも優れた価値を立証できる知識が不足しているからか？　営業担当者が、取引を獲得したり維持したりするのに、価値を提案するのではなく（意図的にそうするケースもあれば、その能力がないケースもあるだろう）、値引きに頼っているからか？

いずれにしても、売上は伸びるかもしれないが、収益性の面では大きく後れをとってしまい、不本意な結果を招くことになる。

本書を読んでいただければ、ゼネラルマネジャー、マーケティングマネジャー、セールスマネジャーは、このような問題を解決し、優れた価値を持つ製品やサービスを対象顧客に提供して、より多くの利益をあげられるだろう。

要求の高い現代のBtoB市場で成功を収めるには、サプライヤー企業は、経営哲学を根本から見直し、それを実践に移す方法を再考する必要がある。さらに、実証・文書化された優れた価値に基づく経営哲学を採り入れ、**顧客価値管理**（Customer Value Management）と呼ばれるアプローチで、その哲学を実践しなければならない。

顧客価値管理とは、BtoB市場で営業活動を行う上で、積極的で実践的なアプローチであり、2つの重要な目標を持つ。その目標とは、次の2つだ。

1 対象となる市場と顧客企業に対して、優れた価値を提供すること

2 提供した価値に見合ったリターンを得ること

顧客価値管理を適切に行うには、顧客価値を評価し、顧客の要望や優先事項、ならびにそれを満たす金銭的な価値を理解することが欠かせない。

顧客価値を組織的に評価しなくても、1つ目の目標を達成することはできるかもしれない。しかし、2つ目の目標を達成するのは難しいだろう。わかりやすく言うと、提供した価値と同等または公正なリターンを得るためには、サプライヤー企業は、競合製品と比べて自社製品の優れている価値を明確にして、実証・文書化する必要がある。

本書では、読者のみなさんが顧客価値管理を理解し、それを実践できるように、段階的に詳しく説明していく。

まずは価値を概念化する方法について説明し、優れた価値の提供によって利益を得る方法を検討していく。本書の見解を裏付け、それを読者のみなさんが実現できるように、多様な業界や国の例を紹介する。

本書を執筆するにあたって、これまで約10年にわたり、数々の企業の顧客価値管理をサポートしてきた経験が生かされている。私たちは、顧客価値管理が企業の業績に大きく貢献するのを見てきた。みなさんの企業も、優れた顧客価値から利益を得ようではないか。

バリューマーチャント　目次

第2章

価値の概念化

第3章

価値提案の明確化

第4章

価値提案の具体化

第5章

顧客に合った製品やサービス

ネイキッド・ソリューションにオプションを付加する

第6章
販売者からバリューマーチャントへ
「価格」ではなく、「価値」で勝負する……167

第7章 提案した価値から得られる利益

第8章

BtoB市場での成功

第1章

バリューマーチャント

優れた価値を提案する

あるICチップ・メーカーが、電子機器メーカーと交渉をしていた。

この電子機器メーカーの次世代製品に搭載するため、500万個のICチップを購入してもらおうと考えていたのだ。交渉の過程で、ICチップ・メーカーの営業担当者は、1個あたり10セント安い価格をつけている企業が他にいることを知った。自社は45セントであるのに対して、ライバル社は35セント。

顧客（電子機器メーカー）は、「競合製品と比べて、どのような優れた価値があるのかを説明してほしい」と両社に求めた。ICチップ・メーカーの営業担当者は、「自分の人柄と、お客様に対する献身的なサービスに注目してほしい」とアピールした。

この営業担当者は知らなかったのだが、顧客はすでに、顧客価値モデルを独自に作成していた。競合製品よりも10セント高い価格がついているが、実際には15・9セント高い価値がある、と評価していたのだ。さらに、このプロジェクトの開発責任者は、価格が高くてもこのICチップを購入するように、購買マネジャーに推薦していた。このモデルで評価された「営業担当者の人柄と献身的なサービス」の価値は、たったの0・2セントだった。

つまり、残念ながらこの営業担当者は、最大の差別化を図ることができる決定的な要素を見落としていたのだ。その違いの重要性にも、それが顧客にもたらす価値にも気づいていなかった。

そのため、交渉を重ねるうちに、営業担当者は、競合製品の価格に合わせて10セント値下げして契約を「勝ち取った」（おそらく、自社製品が提供する優れた価値は10セントに釣り合わないと判断したのだろう）。

その結果、どうなったか？ ＩＣチップ・メーカーは、少なくとも50万ドル（10セント×５００万個）の利益を棒に振ってしまった。

ＢｔｏＢ市場を担当しているベテランのゼネラルマネジャーや事業部長と話をすると、似たような話が出てくるだろう。

・顧客が何に価値を見出しているのか、営業担当者が十分に理解していない
・優れた価値を証明するデータがないため、顧客に対してあいまいな約束しかできない
・営業担当者は、自社の製品やサービスの優れた価値をアピールして顧客に利益をもたらすバリューマーチャント（価値の提案者）ではなく、売上を伸ばしたいがために値下げをして価値をおろそかにする価値の浪費家になるケースが多い
・ライバル社よりも優れた価値を提供しているのに、経営陣は便利で役立つ「汎用的な」製品やサービスとして売り出したいと考えているため、その優れた価値に見合ったリターンが得られない

結局、前出のＩＣチップ・メーカーの例のように、自社製品には競合製品よりも優れた価値があるのに、競合製品の価格に合わせてしまうことになる。この営業担当者のように「みすみす利益を逃す」と、会社全体の収益性に途方もないマイナスの影響を及ぼしてしまう。

ＢｔｏＢ市場では、なぜこのような失敗が何度も繰り返されるのか？

ＢｔｏＢ市場の購買マネジャーは、戦略を策定する能力が高くなっているため、コスト削減に対して抜け目がなくなっている。そのため、サプライヤー企業からのコスト削減のアピールを素直には受け入れない。購買マネジャーは、コスト削減を手早く簡単に実現するために、価格だけを下げる案をサプライヤー企業に出させようとする。

購買マネジャーは、値下げ交渉を有利に進めるため、「御社の製品は競合製品と類似しているので、すぐにでも競合製品に乗り換えることができます」と切り出す。ＩＣチップ・メーカーの例のように、プレッシャーに屈したサプライヤー企業は、競合製品の価格に合わせてしまう。

このように、明らかに優れた価値を持ちながら、それに見合った戦略を展開できない企業はかなり多い、というのが現状だ。

ＢｔｏＢ市場――企業、団体、政府機関――担当のシニアマネジャーは、自社製品を「汎用的な」

製品として売り込むことにフラストレーションを感じている。顧客としては、そのような製品は必要だが、高い金額を払いたいとは思わない。コストを削減し続ける必要があるため、サプライヤー企業にさらなる値下げを求めるだろう。

このようなことを繰り返していては、有意義な解決策は得られないはずだ。

顧客価値管理――積極的で実践的なアプローチ

サプライヤー企業が値引きと汎用化のプレッシャーに対抗するには、「はじめに」で述べたように、経営哲学を根本から見直し、それを実践に移す方法を再考する必要がある。また、実証・文書化された優れた価値に基づいて経営哲学を採り入れ、顧客価値管理（Customer Value Management）と呼ばれるアプローチで、その哲学を実践しなければならない。

顧客価値管理とは、ＢｔｏＢ市場で営業活動を行う上で、積極的で実践的なアプローチであり、２つの重要な目標を持つ。

1 対象となる市場と顧客企業に対して、優れた価値を提供すること

2 提供した価値に見合ったリターンを得ること

顧客価値管理を適切に行うには、顧客価値を評価し、顧客の要望や優先事項、ならびにそれを満たす金銭的な価値を理解することが欠かせない。

顧客価値を組織的に評価しなくても、1つ目の目標を達成することができるかもしれないが、2つ目の目標を達成するのは難しいだろう。わかりやすく言うと、提供した価値と同等または公正なリターンを得るには、サプライヤー企業は、競合製品と比べて、自社製品の優れた価値を明確にして、実証・文書化する必要がある。

「見えるお金」と「見えないお金」の違い

BtoB市場担当のシニアマネジャーは、製品やサービスの調達コストを削減できると、そこで節約した金額が、決算の段階で「収益性の改善」として解釈されることに気づくようになった。そのため、ほぼすべての企業が、製品やサービスのコストを削減するために、調達目標を設定している。これらの目標は、目標コスト削減額、または全社的コスト削減目標と呼ばれ、それぞれ次のような形で設定される。

例えば、ある石油会社は、製品やサービスの調達コストを3年間で20億ドル削減するという目標を立てた。あるいは、ある自動車メーカーは、3年連続でそれぞれ10%、5%、5%ずつコストを削減するという目標を立てた。

ところが、これらの目標を実践（購買）に移そうとすると、購買責任者の「見えるお金」と「見えないお金」のバイアスが影響する。これは、どういうことだろうか？

「見えるお金」とは、購買マネジャーの功績がすぐに認められるコスト削減のことであり、**「見えないお金」**とは、功績をアピールしにくいコスト削減のことを指す。

例えば、3種類の見積もりを比べて最も安いものを選び、さらなる値下げ交渉をするのが「見えるお金」だ。経営陣が立てた目標に対する購買部門の努力が直接評価される。

これに対して、総保有コスト（TCO：Total Cost of Ownership）が最も低い製品を選んでも、その製品自体の購入価格が高いと、それは「見えないお金」となる。時間も評価手段も限られているため、購買マネジャーが実際に達成したコスト削減を可視化するのは難しい。

ところが、この問題は解決可能なのだ。ある自動製造ラインの制御装置のメーカーは、営業担当者に対して、見込み客のデータ（どのような制御装置が必要か、購入価格だけでなく設置コストや研修コストなども含めた総コストはいくらになるか、顧客が購入したらどのくらいの期間で投資を回収できるか）を集めるように命じた。営業担当者はこれらのリサーチ結果をまとめ、削減可能なコストを実証したレポートを作成して見込み客に提示する。

レポートの表紙には、顧客の購買マネジャーの名前を載せる。サプライヤー企業の営業担当者の名前は、どこにも見当たらない。そして、購買マネジャーはこのレポートを経営陣に見せ、「私はこのメーカーと協力して調査を進めてきました。こうすれば、会社の経費を削減できます」と報告する。

営業担当者の功績は何だろうか？

1つは、購買マネジャーの「見えないお金」を「見えるお金」に変えてあげたこと。もう1つの功績は、多忙な購買マネジャーの時間を節約してあげたことだ。

優れた価値を実証・文書化する

サプライヤー企業が同等または公正なリターンを得るためには、顧客に提供する製品やサービスの優れた価値を、説得力のあるやり方で実証・文書化しなければならない。

「実証」するとは、競合製品と比べて、自社製品を利用することによるコスト削減または付加価値を、見込み客に納得のいくように事前に示すことを意味する。オランダのナイドラ・グループ（Nijdra Groep）やロックウェル・オートメーションなどのベストプラクティス企業は、これらを実証するために、価値の成功事例などのツールを利用している。

価値の成功事例（Value Case Histories）とは、サプライヤー企業の製品やサービスを利用してリファレンス顧客（訳注・製品やサービスを使用して、その良さを広めてくれる顧客）が享受したコスト削減または付加価値を文書で説明したものである。

また、ＧＥインフラストラクチャーのウォーター・アンド・プロセス・テクノロジーズ（Ｗ＆ＰＴ）やＳＫＦなどのベストプラクティス企業は、**価値計算機**（Value Calculators）と呼ばれる価値評価ツールを使用して、見込み客に対して製品やサービスの価値を実証している。

これらのツールはスプレッドシートのソフトウエアであるため、営業担当者や顧客価値の専門家は、ノートパソコンを使用しながら顧客に価値を実証することができる。


優れた価値を実証するのは必要なことであるが、現在のＢｔｏＢ市場でベストプラクティス企業になるには、これだけでは十分ではない。

サプライヤー企業は、自社製品を利用することで顧客企業が得られるコスト削減と利益増大を文書化しなければならないのだ。

そのためサプライヤー企業は、評価基準を明確にして、顧客の協力を得てコスト削減や利益増大を一定期間にわたって追跡し、その後、顧客のマネジャーとともに結果を具体的にまとめる必要がある。

優れた価値を文書化することは、サプライヤー企業にとって4つの大きなメリットがある。

1つ目に、後日に価値を文書化することを顧客に伝えておくと、サプライヤー企業が事前に提示した価値実証の信ぴょう性が高くなる。

2つ目に、価値を文書化することで、コスト削減と利益増大の功績を顧客のマネジャーに与えることができる。

3つ目に、価値の成功事例などのマーケティング資料を作成し、その製品やサービスの利用によって得られる価値を見込み客に効果的に伝えることができる。

そして4つ目に、実際に提供した価値と実証で示した価値を比較し、その差異の原因を突き止め、さらに文書化することで、サプライヤー企業も、最大の価値を提供する方法をさらに深く理解することができる。そうすれば、対象顧客に対して、より効果的に対応できるようになる。

提供する価値を文書化するためのツールを、**価値ドキュメンター**（Value Documenters）と呼ぶ。

ここで、農作物の栽培業者になったつもりで考えてほしい。

2社のメーカーが、マルチフィルム（土を保湿し、雑草の成長を防ぐために、野菜や果物を植える土を覆うための薄いビニールシート）をあなたに売り込んでいる。一方の営業担当者は、「我が社を信頼してください。コスト削減につながりますよ」と言う。これに対してソノコの営業担当者は、「ソノコは4000平方メートルあたり16・83ドルのコストを削減します」と言う。さらに、ソノコはこの数字を算出した根拠を示している。

どちらの営業担当者の価値提案（バリュー・プロポジション）に魅力を感じるだろうか？

顧客価値管理を成功に結び付けるには

提案されたアプローチを採り入れて事業方針を変える前に、経営陣は、このアプローチが成功する理由を知りたいと思うだろう。何しろ事業を持続的に変化させるのは、とても難しいからだ。では、採用に値するアプローチには、どのような強みがあるのだろうか？

顧客価値管理には、3つの強みがある。それは、優れた価値を概念化すること、実践的に価値を評価する積極的なアプローチであること、そして顧客価値に関する知識から好業績を導く確かなコンセプトとツールがあることだ。

優れた顧客価値の概念化——成功を収めるには、シニアマネジャーは、マネジャー、営業担当者、顧客が、容易に理解でき、その妥当性を認めることができるように、顧客価値を概念化する必要がある。

さまざまな論文やスピーチで顧客価値が解説されているにもかかわらず、理解しやすく理にかなった概念化はこれまで行われてこなかった。その結果、BtoB市場では、「顧客価値」の意味はさまざまな形で解釈されており、正しく評価する妨げとなっている。

包括的で理にかなった顧客価値の概念化については、第2章で詳しく説明する。顧客が購入を判断するのと同じ基準（つまり、重要性ではなく金銭的な基準）で、顧客価値を示す。さらに、何が価値で何が価値でないのか（例えば、価格は価値ではない）を具体的に説明する。最後に、基本的な価値方程式について紹介する。この方程式は、競合製品と比べて顧客がどのように判断するかを反映しており、実践的な評価に役立つものだ。

実践的に価値を評価する積極的なアプローチ――統計の専門家でなければ理解できないような煩雑な顧客価値の評価方法は、営業担当者や顧客からの抵抗に遭いやすい。

例えば、「総保有コスト（ＴＣＯ）」という概念は、顧客を説得するのが難しい。現場では実現不可能なアイデアだからだ。顧客のマネジャーの責任はますます重くなり、時間的なプレッシャーも強くなっている（短期間で大きな成果をあげなければならない）ため、サプライヤー企業と協力している余裕はない。かつては、1000万ドルの取引を判断する責任を負っていたマネジャーが、今では5000万ドルの責任を負っているかもしれない。

また顧客は、サプライヤー企業に顧客データを提供したがらない。総コスト、さらには総保有コストを予測するためには、注意深く時間のかかるデータ収集のプロセスを経なければならないが、顧客が非協力的だと、データ収集にマイナスの影響を及ぼす。その結果、実際にデータを集める段階になると、妥協した手っ取り早い行動（フォームに記入するだけ、推測値を使用する、意見を使い回すなど）に走ってしまう（注釈1）。

これに対して、顧客価値を評価する私たちのアプローチは、多岐にわたる業界の企業の協力を得て開発し、改良を重ねてきた。

このアプローチは、最も重要な価値要素——つまり、顧客のコスト削減や利益増大の具体的な方法——に関するサプライヤー企業と顧客の情報源が足りないことに注目し、最も効果的な方法で価値要素を評価している。

第2章と第3章で詳しく説明するが、価値要素を明確に定義し、それぞれの要素を推定するために必要なデータを示す評価アプローチを採用している。つまり、人の感じ方よりもデータを重視する。

また、すでにある意見を使い回すのではなく、新たな知識を生み出すことを原則としている。そのため、私たちのアプローチでは、「サプライヤー企業と調査に参加した顧客は、調査前よりも、製品やサービスの利用によるコスト削減や付加価値増大に関する知識を深めたか？」ということを、成功の評価基準としている。

このアプローチは、マーケティング部門やセールス部門が分析力やエビデンス・マネジメントで勝負するのに大きく貢献している（注釈2）。

好業績を導く確かなコンセプトとツール――多くのクライアントと協力し、10年以上にわたってマネジメント業務をリサーチしてきた経験から、私たちは、好業績を導くコンセプトとツール（ただし、手を加えずに忠実に実施する必要がある）を発見、考案、改善することができた。

例えば、対象顧客の心に響く価値提案を考案し、営業担当者が使うことができて、使いたいと思う価値ベースの販売ツールを作成・導入した。また、好業績の要因を深く理解するために新たな知識も求めてきた。顧客価値管理には策略も偽りもごまかしもないことを、本書で明らかにしたい。

顧客価値管理とは、業績を大幅に改善するための実績のある基本的な考え方だ。本書全体を通して（特に第8章では）、私たちの提案を実践したサプライヤー企業が、どのように好業績を達成したか、具体例を紹介する。まず、次のセクションではソノコのケースを見ていきたい。

顧客価値管理によって業績を伸ばす

突き詰めていくと、ＢｔｏＢ市場では、３つの基本的な販売手法が広く実施されている。

１つ目は、価格に基づく販売。ところが実際には、価格に基づく販売戦略を策定していない企業が多い。というのも、このような戦略は、厳しいコスト削減、低コストを求めた海外への生産拠点の移転、薄利多売が求められるからだ。

こういった付加価値の低い取引では、顧客の購買マネジャーが対話を仕切る傾向があり、サプライヤー企業には価格設定の権限はほとんどない。サプライヤー企業は価格で勝負しようとするかもしれないが、１つの市場で最低価格を提供できるのは何社だろうか？

最低価格を提供できるのは1社だけだ。ところが、この明白な事実をなかなか受け入れられないサプライヤー企業は、購買マネジャーが画策した値下げ戦略に従って取引を進めることになる。

価格にばかり注目しないようにするため、多くのサプライヤー企業は２つ目の手法をとろうとする。

「自分たちは優れた価値を提供していて、それに見合った報酬を得るのにふさわしい」とアピールするのだ。

ところが残念なことに、この主張は「私たちを信用してください。競合製品よりも価値がありますよ」としか受け止められない。優れた価値を主張しても、それは単なる主張でしかない。詳細な分析によってこの主張を裏付けているわけではないため、顧客に対して実証することも文書で示すこともできない。その結果、サプライヤー企業は、購買マネジャーからの圧力に屈して、価格で勝負するしかなくなってしまう。

冒頭のＩＣチップ・メーカーのように、優れた価値を提供していないのではない。主張を証明する能力がないだけなのだ。サプライヤー企業だけでなく顧客も、競合製品よりも優れた価値があることに納得しているにもかかわらず、顧客にとっての金銭的価値という点で両者の見解に大きな相違が生じてしまうのかもしれない。

そこで本書では、３つ目の手法（顧客価値管理のアプローチ）を推奨し、それに沿って説明を展開していく。

顧客価値管理とは、データを重視して、顧客に提供する製品やサービスの優れた価値を金銭的に実証・

文書化する手法である。業界最低価格を提供し、（この強みを利用して差別化を図るのではなく）事実をそのまま顧客に伝えるだけでも、価格で勝負することができるかもしれない。

ところが、顧客価値管理を適切に実施すれば、多くの企業は、より確実に業績を伸ばすことができる。それなのに、一握りの積極的な企業しか、この手法を採り入れていない。ソノコのケースを見ていこう。

ソノコ——好業績の達成

ソノコのCEOハリス・デローチ・Jr率いる経営陣は、年間2桁の利益成長率を維持する、という野心的な成長目標を掲げた。デローチと経営陣は、この目標を達成するには顧客価値管理のアプローチを採り入れる必要があると考えていた。

そこでデローチは、独自の価値提案プログラムを支持し、戦略経営開発の担当で副社長でもあるエディー・スミスを実行責任者に任命した。スミスは、ソノコの価値提案プログラムを進めるために3つの指針を定めた。

1 差別化——競合製品の価値提案よりも優れたものでなければならない
2 定量化——金銭的な価値に換算できる具体的な相違点に基づき、価値提案を行う

3　持続性——できる限り長期にわたって価値提案を行う

このリストにはないが、スミスは、すべての価値提案（バリュー・プロポジション）を「顧客固有の言葉で表現する」という要件を加えている。そのため、営業担当者やマーケティング担当者は、この価値提案が顧客にとって、どのような意味を持つのかを明らかにできなければならない。

経営陣は、ゼネラルマネジャーが責任を負う業績評価基準の10項目のうち価値提案を最も重要な基準であると定め、事業部門の業績にとって価値提案プログラムが不可欠であることを伝えた。事業部門のゼネラルマネジャーたちは、経営陣に対して、それぞれの対象市場と主要顧客にとっての価値提案を示した。

これらすべての価値提案は、前述の3つの指針に沿って採点された。ゼネラルマネジャーは、価値提案について次のように評価したフィードバックを受け取った（他の9つの成長要因についても同様に進められる）。

- **緑**——収益成長目標を達成できる
- **黄**——直ちに重要な問題に取り組む必要がある

・赤──収益成長目標を達成できない

ソノコの経営陣は、マネジャーの見解や認識に頼るだけではなく、事業部門の価値提案とその業績の関連性を理解するために、データを収集した。その結果、両者には驚くべき相乗効果があることがわかった。価値提案プログラムを改善すると、事業部門の業績改善にも結び付くことがわかったのだ。

ソノコは、顧客価値管理と価値提案プログラムによって、経営陣が立てた成長目標を達成できただろうか?

ソノコの売り上げは、２００４年に14・４%、２００５年に11・８%、２００６年に４・１%、それぞれ前年を上回った。もっと重要なのは、利払前・税引前利益（ＥＢＩＴ）で示される収益性が、２００４年に23・９%、２００５年に14・６%、２００６年に17・６%、それぞれ前年を上回り、３年間の平均ＥＢＩＴ成長率が18・７%であったことだ。

好業績を達成する要因はたくさんあるが、ソノコの例では、顧客価値管理が大きく貢献していることを明白に示している。

価値ベースの哲学をＢｔｏＢ市場で促進する

ＢｔｏＢ市場で事業を行う企業の経営陣は、価値ベースの市場戦略を推進する責任がある。シニアマネジャーは、中核となる製品やサービスとそれを補強する製品やサービスによって価値を創造し、これらの製品やサービスと同等のリターンを期待していることを社内に伝える必要がある。

多角経営の大規模企業では、それぞれの事業部門の担当役員――特に、ゼネラルマネジャーとマーケティングやセールス担当の役員――は、顧客価値管理に関して主要な責任を担っている。顧客価値管理は単なるマーケティングや販売活動ではないため、ゼネラルマネジャーが、その実施を成功に導く最終的な責任を負う。

「経営陣の支援」と言うと、ありふれたものに聞こえるかもしれない。しかし、企業の顧客価値管理をサポートしてきた数々の有意義な経験と悲惨な経験を通して、私たちはこれがありふれたものではないことを学んだ――企業にとって欠かせないことなのだ。

経営陣の支援というのは、シニアマネジャーが「顧客価値管理は重要だ」と社内に伝えればいいものではない。シニアマネジャーがどのように時間を費やしているか、身をもってすべての従業員に伝えなければならないのだ。

顧客価値管理の取り組みの決起会に参加し、顧客価値計画の支援者としての立場を示し、取り組みの進捗状況を監視し、変革の事例に関心を示し、実証・文書化された価値に基づく経営哲学の実施に関与している、という力強いメッセージを伝える。

ソノコの企業文化では、市場戦略において価値が重要であることをそれぞれの営業担当者に再認識させている。ソノコに採用された日から、営業担当者は、ソノコの製品は競合製品よりも概して値段が高いことを学ぶ。さらに、高度な技術と素晴らしいサービスという形で顧客に価値を提供していることが、ソノコの成功要因であることを知る。

これらの教訓から、営業担当者は、ソノコで成功を収めるには価格ではなく価値に基づいて製品を販売する必要がある、と理解する。さらに営業担当者は、年次報告書、パンフレット、ニュースレター、販売会議で提示される成功事例、販売ツールなどを通して、ソノコの「価値に基づくストーリー」を幾度となく認識することになる。

GEインフラストラクチャーのウォーター・アンド・プロセス・テクノロジーズ（W&PT）では、「約束ではなく証拠を示す（Proof, not Promises）」というブランドスローガンを掲げて、顧客に提供したソリューションの成果を文書化することが重要だと主張している。

図1-1_SKF文書化ソリューション・プログラムの広告

このスローガンにはどのような意味があるのか？　同社ウェブサイトには、「ソリューションの導入によるお客様のコスト削減と業績改善を評価するため、『約束ではなく証拠を示す』ことに努めています。『約束ではなく証拠を示す』とは、収益性の目標を達成することを示す文書を提示し、卓越性と説明責任に対する基準を設定し、お客様に信頼していただくことです」と書かれている。

同様に、顧客に提供する成果を文書化する取り組みとして、ベアリングの世界的リーディングカンパニーであるスウェーデンのＳＫＦの例が挙げられる。ＳＫＦは、ＳＫＦ文書化ソリューション・プログラム（Documented Solutions Program）で、「実際の節約額——ＳＫＦが証明します！」というキャッチフレーズを紹介している。図１－１を見る

図1-1（続き）_SKF文書化ソリューション・プログラムの詳細

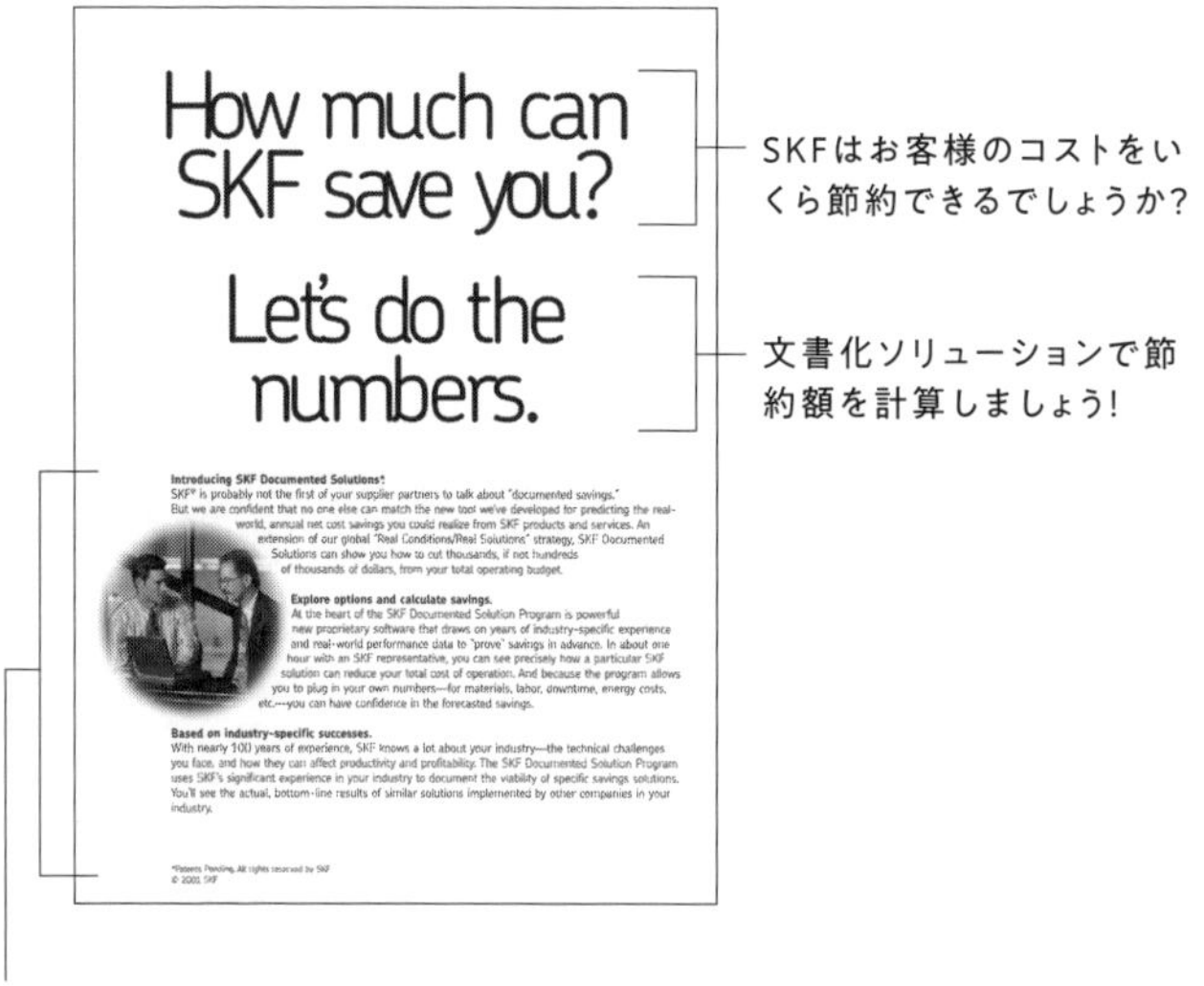

SKF文書化ソリューションの導入

「節約額の文書化」のアイデアは、他の企業も提案しています。でも、SKFが自信を持って紹介する新しいツールは、SKF文書化ソリューションの導入によって実際に削減できる年間コストを予測することができます。「Real Conditions/Real Solutions」のグローバル戦略の一環として、SKF文書化ソリューションは、たとえ少額でも、総運営予算を削減する方法を提案します。

オプションを利用して節約額を算出

SKF文書化ソリューション・プログラムは、業界での豊富な経験と実際の業績データを利用して、コスト節約額を前もって「証明」する新たな専用ソフトウエアです。1時間ほどお時間をいただければ、スタッフがSKF文書化ソリューションの導入によって節約できる金額をご提示いたします。原材料費、人件費、ダウンタイムコスト、エネルギーコストなど、お客様のニーズに合った項目を入力するだけで、確かな見積もりを計算いたします。

業界のサクセスストーリー

100年以上の経験から、SKFは、技術的な問題やそれが生産性や収益性に及ぼす影響など、お客様の業界について多くの知識を有しています。SKF文書化ソリューション・プログラムでは、SKFの豊富な経験を利用してコスト削減の解決策の有効性を文書化してご説明いたします。同じような問題を解決した他の企業の成功例もご紹介します。

資料:SKF USAより提供

と、ＳＫＦの顧客価値アプローチがよくわかる。

もちろん、ソノコもＷ＆ＰＴもＳＫＦも、本書で紹介する他のベストプラクティス企業も、顧客価値管理のアプローチを偶然見つけたわけではない。何年もかけて一歩ずつ進み、経験から学び、経営陣が目に見える揺るぎない努力を続けてきたことで、採るべきアプローチを明らかにしてきたのだ。

ＢｔｏＢ市場では価値の重要性が注目されてきているにもかかわらず、このような努力をしている企業リーダーは、ほんの一握りしかいない。それどころか、顧客に提供する価値を理解するために、系統的または方法論的アプローチを策定している企業は、ほとんどない。

価値の重要性は理解しているのだが、汎用的な商品として売り出そうとする会社からのプレッシャーに苦しみ、また顧客からの値引き要請に何度も屈しているのだ。

ところが、顧客価値管理を経営哲学として掲げると、製品やサービスの価値を実証・文書化することができ、顧客にとっても企業自身にとっても、「見えないお金」を「見えるお金」に変えることができるのだ。

本書の概要――収益性の拡大への道

本書の目的は、事業の変革を図ることだ。特に、営業担当者を「バリューマーチャント（価値の提案者）」にすることである。優れた価値の実証・文書化に基づいて事業を進めると、市場で「稀有な」存在になれる。しかも、さほど珍しくない方法で、これを達成できる。

本書で紹介する顧客価値管理アプローチを採り入れることで、バリューマーチャントは、冒頭のＩＣチップ・メーカーの営業担当者のように、ライバル社の攻撃に遭っても、勝利を収めることができる。

本書では、具体的に次の方法を解説していく。

・顧客価値を実践的に評価する方法
・対象顧客の心に響く価値提案を創造する方法
・優れた利益を積極的に求める方法

顧客価値管理を活用することで、読者のみなさんは、各自の企業でこれを展開し、本書で紹介する多くのベストプラクティス企業のように好業績を追求できるだろう。

図1−2は、顧客価値管理アプローチを構成するプロセスを示したものである。この図は、プロセスを示すだけでなく、本書の概要も表している。また、顧客価値管理のそれぞれの構成要素について詳しく解説する章も設けている。

第2章では、顧客価値管理の基礎となる、価値を概念化する方法に注目し、「ＢｔｏＢ市場において、『価値』とは何を意味するのか？」「競合製品との相違点、類似点、争点をどのように明らかにするのか？」「ＢｔｏＢ市場でサプライヤー企業が用いる3種類の価値提案とは？」「顧客の心に響く価値提案は、なぜ他の2つよりも好まれるのか？」といった疑問を解決していく。

第3章では、価値提案を明確化するプロセスについて説明する。まず、競合製品と比べて、顧客が最も重視する改良点を分析する。これは、顧客が強く求めている価値提案を作成するのに役立つ。次に、定性調査を行い、価値提案を改良する。最後に、競合製品との相違点を顧客が容易に理解できるように、言葉による価値方程式で表現する。

第4章では、顧客が納得できるように、価値提案を具体化する方法を紹介する。顧客価値の評価で収集したデータを当てはめて、言葉による価値方程式を計算する。次に、この方程式から、顧客に価値を実証する価値計算機を作成する。最後に、価値の成功事例と価値ドキュメンターを利用して、サプライ

図1-2_顧客価値管理のプロセス

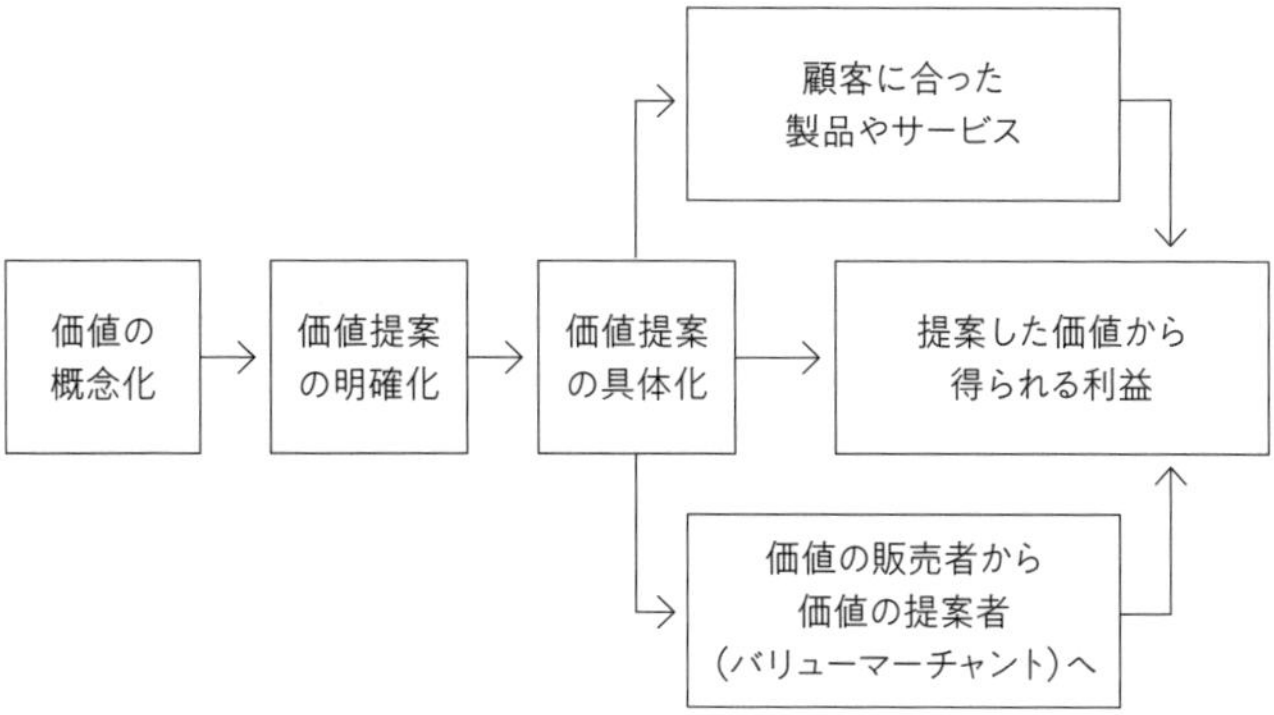

ヤー企業が約束した価値を顧客が受け取ったことを証明する。

第5章では、顧客価値を深く理解すると、顧客に合った製品やサービスを創造できることを実証する。すべての顧客に同じ製品やサービスを提供する平凡なアプローチを採るのではなく、柔軟性のある製品やサービスを提供する。サービスのレベルを多様化すると、ターゲットを絞ることができ、各顧客の違いを生かした戦略を立てることができる。

第6章では、価格を売りにする販売者からバリューマーチャントになるように、営業担当者の意欲をかきたてる方法を述べる。価値と利益に基づいて販売報酬を得るのは大切なことだが、それだけでは十分とは言えない。企業は、バリューマーチャントを育て、価値を売るプロセスと価値ベースの販売ツールを適切に使用しなければならない。さらに、価値ベースの営業を確実に実践させ、バリューマーチャントの文化を醸成して活性化させなければならない。

第7章では、顧客に提供する優れた価値から、サプライヤー企業がどのような利益を得られるかを理解する。価格プレミアムのことが真っ先に思い浮かぶのは当然だが、顧客に提供する価値から適正なリターンを得るには、3つの方法がある。適正なリターンを得るには、サプライヤー企業は、収益性を考慮して価格設定を行わなければならない。そこで、戦略的、戦術的、取引ごとに価格設定を行う価値ベースのアプローチを紹介する。

第8章では、BtoB市場で成功を目指す際の課題を取り上げる。企業の成功を目指す上で、顧客価値管理が「できること」と「できないこと」を明らかにしていく。好業績に貢献する証拠を紹介し、顧客価値管理を実施してバリューマーチャントになるには、どこから始めたらよいかを検討する。最後に、バリューマーチャントが優れた価値を提供し、利益を獲得し続けるにはどうしたらよいかを考える。


本書で提案する顧客価値管理アプローチは、多様な企業、業界、国のベストプラクティスで証明される最先端の考え方を提供している。しかも、長年にわたって多くの企業で検証されてきた。

忠実に実施すると、サプライヤー企業は対象市場で「稀有な」存在になれる。つまり、優れた価値を実証・文書化することで好業績を達成できるのだ。

第2章

価値の概念化

重要な価値要素は何か

近年、ＢｔｏＢ市場では**価値と価値提案（バリュー・プロポジション）**という言葉が広く使われるようになってきた。これらは、「顧客価値管理アプローチ」の基礎となる言葉である。

ところが、（１）価値とは何か、（２）価値提案の構成要素は何か、（３）説得力のある価値提案とはどのようなものか、については具体的な見解も一致している見解もないことが、私たちの調査から明らかになった。

さらに、ＢｔｏＢ市場でサプライヤー企業が作成して提供する価値提案の多くが、顧客に提供する製品やサービスの優れた価値を正確に伝えていないことも明らかになった。競合製品と比べて優れた価値を持っていても、それを顧客が納得できるように実証する知識がサプライヤー企業に欠けているのだ。そのため、時間と成果のプレッシャーをかけられた顧客のマネジャーは、値引きにだけ注目し、価値提案をあまり重視していない。

ＢｔｏＢ市場において、顧客価値とは何を指すのか？　ＢｔｏＢ市場で提供される製品やサービスには、多数の価値要素が備わっている。その中でも最も重要な価値要素に焦点を当てたいとき、競合製品との相違点、類似点、争点を明らかにすると、どのような効果があるのか？　実際の価値提案には、どのような種類があり（３つ考えられる）、その中でどの価値提案を進めたらよいのか？

本章では、これらの疑問について順を追って検討していく。顧客の関心を、価格ではなく、実証・文書化された優れた価値に移すためには、これらのコンセプトを確実に理解することが重要だ。

BtoB市場における顧客価値を明らかにする

「ＢｔｏＢ市場における顧客価値」とは何を指すのか？

まず、多くの学者やエコノミストが顧客価値をどのように定義してきたかを検証し、その中で適切な定義に注目する。次に、顧客価値と価格の関係を表す基本的な価値方程式を紹介し、最後に、価値に関する顧客の知識について検討していこう。

顧客価値を概念化する

これまで、多くの学者やエコノミストが**顧客価値**を定義してきた。それらを検証することで、さまざまな概念や、それぞれの違いを明らかにすることができる。また、さまざまな定義から、顧客価値を実際に評価する際の問題点もわかるだろう（注釈１）。

顧客価値の専門家であるブラッドリー・ゲイルによると、「**顧客価値**とは、製品の相対的価格を調整した上で、市場が知覚する品質」である。また、ロバート・ドーランとハーマン・サイモンは価格設定に注目し、「知覚価値とは、顧客が進んで支払う最高価格」だと述べている。ボストン・カレッジのマーケティング教授ジェラルド・スミスは、「価値＝支払った価格に対して顧客が得るベネフィット」と主張している。さらにトーマス・ネイゲルとリード・ホールデンは、「一般的に、**価値**という言葉は、顧客が製品を利用することで得る、総節約額または満足度を意味する」と述べている（注釈２）。

では、顧客価値とは何だろうか？　価格調整済みの市場が知覚する品質、最高価格、価格に対するベネフィット、総節約額、満足度？

これらの要素は、私たちの理解とは異なる方向から価値という概念をとらえている。顧客にとっては価格が安いほうがうれしいため、最高価格と満足度の間には矛盾が存在するだろう。しかも、これらの定義を示した人たちは、その定義の意味について深く掘り下げているわけではなく、その定義で示す顧客価値の概念化について検討しているわけでもない。

顧客価値を理解する上で検討するべきもう1つの問題は、価値を定義する要素がまったく異なる点だ。その例として、前述のジェラルド・スミスが定義したベネフィットについて考えてみよう。

白く、明るく、不透明にコーティングするための顔料である酸化チタンの2つのベネフィット――それぞれ、従来の業界標準を上回ることができた――について考えてみる。

1つ目のベネフィットである粒度については、コールズ社製の分散機の粒度を7ヘグマンにするのに必要な時間を短縮（30分から10分に）することで、分散性が改善された。

2つ目のベネフィットである光沢は、一般的な60度測定（訳注・光沢度計の入射角を60度に設定して測定）での光沢値（GU）が78から86に改善された。ただし、顧客が粒度と光沢度をどのように組み合わせたらよいかは具体的にされていない。

これはBtoB市場でよく見られるケースであり、科学的、工学的、原価計算的に定義された用語でベネフィット（性能の改善）を表現しているにすぎない。

顧客価値を定義するには、ベネフィット、金銭的なベネフィット、コスト、金銭的なコスト、価格など、多数の要素がある。ところが、測定単位が統一されていないため、顧客価値の意味を明らかにすることができない。

数学の授業で約分を学ぶときは、共通の分母を見つけて、それぞれの単位を揃えて答えを出す。顧客価値を概念化する場合も、これと同じである。ところが、上記の5つの要素のうち、共通の測定単位を持つのは3つ（金銭的なベネフィット、金銭的なコスト、価格）だけである。

概念化した顧客価値を実際に評価する

顧客価値管理のプロセスで実際に顧客価値を評価するには、根拠があり、包括的で、理解しやすいように顧客価値を概念化しなければならない。まずは、顧客価値を定義する。

「**ＢｔｏＢ市場における価値**とは、製品やサービスに対して支払う代金と引き換えに、顧客企業が手に入れる技術面、経済面、社会面、サービス面でのベネフィットを金額に換算したものである」（注釈３）。

この定義について掘り下げてみよう。

第１に、製品１個あたり○○ドル、１リットルあたり○○ユーロ、１時間あたり○○元というように、価値を金銭で表示する。経済学者は「効用」に着目するかもしれないが、顧客はそのようなことには関心がない。

第２に、製品やサービスを、顧客が得る技術面、経済面、社会面、サービス面でのベネフィットとして概念的に表現する。「ベネフィット」とは正味のベネフィットであり、期待するベネフィットを手に入れるために顧客が負担する、購入代金以外のコストがすべて含まれる。

第３に、価値とは、支払う代金と引き換えに、顧客企業が手に入れるものである。価格が変動しても、製品が顧客にもたらすベネフィットは変わらず、顧客がその製品を購入したいというインセンティブにしか影響しない。そのため、製品には「価値」と「価格」という2つの根本的な特性が備わっていると考えられる。

価格を顧客価値に含めないのは、私たちの概念化が他の学者や研究者たちと大きく違う点である。価格を価値に含めてしまうと混乱を招くと考えられるからだ。例えば、価格を含めると、価格を大幅に下げるだけで、製品の価値を大幅に上げることができるだろう。しかしサプライヤー企業は、このような方法で顧客に提供する価値を向上させたいわけではない。また、顧客が価値を見出す製品とお金（つまり価格）を交換する、という市場取引の基本的なコンセプトにも反する（注釈4）。

第4に、ＢｔｏＢ市場における顧客価値とは相対的なコンセプトであり、顧客は競合製品と比較して当該製品の価値を評価する。競合となる選択肢は、必ず存在する。競合製品の例をいくつか紹介しよう。

1 顧客の要望や優先事項を満たす同等または代替のテクノロジーを使用する競合製品。ＢｔｏＢ市場では最もよく生じるケースである。

2 他の会社の製品やサービスを利用する、あるいは製品を顧客自ら生産する。例えば、ＩＴ業務をインドの企業にアウトソーシングする。

3 現状維持（つまり、何も購入しない）。その代わりに、コンサルティングサービスなどを利用する。

4 同じサプライヤー企業から最新の製品やサービスを購入する。例えばマイクロソフトでは、多くの顧客がWindows NT/2000 Serverのパフォーマンスに満足しているのに、XP/Serverへのアップグレードを顧客に薦めた。

基本的な価値方程式

価値の定義は、以下の基本的な価値方程式で表現することができる。

（価値ｆ－価格ｆ）＞（価値ａ－価格ａ）　（方程式２－１）

ｆは自社製品、ａは競合製品を表す。

この価値方程式では、自社製品と競合製品の両方について価値から価格を差し引き、お互いを比較している。差異に基づく公式のほうが、比率に基づく公式よりも優れていることを付録Aで証明している（興味のある読者は参照してほしい）。

私たちの価値の定義では、顧客の視点からの具体的な見解は考慮していない。というのも、ＢｔｏＢ

市場における価値とは、市場シェアと同じように、構成概念であると考えているからだ。つまり、市場シェアを予測することしかできないのと同じように、価値も見積もることしかできないのだ。

例えば、サプライヤー企業は、顧客に提供する製品の価値を高く見積もるが、顧客は低く見積もるかもしれない。また、製品から顧客企業が実際に得る技術面、経済面、社会面、サービス面でのベネフィットについて、あるいは特定のベネフィットが顧客にもたらす金銭的価値について、サプライヤー企業と顧客はまったく異なる見解を持つかもしれない。

価値は、基本的に2つの状況下で変化する。

1つ目は、製品が同じ機能や性能を提供しているのに、顧客のコストが異なるとき（このコストには、購入代金は含まれない）。そのため、技術面、社会面、サービス面でのベネフィットは一定でも、経済面でのベネフィットが異なる。例えば、性能や仕様が同じでも、加工費が安い製品のほうが、価値が高くなる。

2つ目は、コストが同じでも（この場合も、購入代金はコストに含まれない）、提供される機能や性能が異なるとき。例えば、顧客が自社の顧客向けに部品を再設計した場合、調達費と加工費は同じだが、長く使える部品のほうが価値が高い。

製品の機能や性能が低くても、顧客の最低要件を満たす、あるいは超える場合もある。すべてではないが大半の顧客は、多ければ多いほど（高ければ高いほど）よいと考える。顧客側の受け入れ水準が低いと、最低要件を超えたベネフィットを顧客に提供し続けることができる。例えば、一定の温度要件よりもビニール樹脂の融点を下げると、顧客のエネルギーコストを下げ、樹脂を加工して製品にする時間を削減できる。

私たちが定義する価値とは、製品に対して支払う代金と引き換えに、顧客が手に入れるベネフィットを金銭で表示したものである。

ＢｔｏＢ市場では、生産するか購入するかの判断が分かれるところだが、提供される価値は支払う代金を上回らなければならない。価値と代金（価格）の差が、顧客の購入インセンティブになる。

前述のように、ＢｔｏＢ市場における価値の概念では、製品やサービスの価格が変動しても顧客に提供する価値は変わらないが、その製品やサービスを購入する顧客の購入インセンティブは変わる。

価値の正確な評価は、サプライヤー企業が対象市場や対象顧客に対して価値を創造して提供する上で、確固たる基盤となる。さらに、製品の価値が市場や顧客ごとに異なることを認識しておく必要もある。顧客価値管理を実施する企業は、この相違を理解して利用することを目指している。

価値に関する顧客の知識

製品やサービスを選ぶ際、顧客のマネジャーは、どのサプライヤー企業の製品が自社の要望や優先事項を満たすかを判断しなければならない。複数の企業がこの要望を満たす場合は、どの企業が最大の価値をもたらすかを判断する必要がある。

多くの場合、顧客のマネジャーは直感で判断を下し、最高だと感じる（あるいは、最低価格の）製品やサービスを選ぶ。ところが、価値とは何を意味するか、その価値をどのようにして金銭換算するかについては、ほとんど、いやまったく考慮していない。

例えば、付箋紙を購入しようとしている顧客のマネジャーは、価値評価を行うことは意味がないと感じ、無名ブランドや一般的なブランドよりも、価格が高くても3Mポスト・イット®を選ぶかもしれない。

ところが別のマネジャーは、きちんとした評価、つまり価値分析を行って、熟慮に基づく判断を下す必要があると考えるかもしれない。積極的なサプライヤー企業は、顧客のマネジャーによる評価実施を支援したり、自社製品の優れた価値を示す独自の評価を紹介したりするだろう。

顧客価値管理では、後者のケースに注目している。つまり、「価値」の正確な意味とその金銭換算方法を概念化することを重視している（注釈5）。

顧客企業は、サプライヤー企業の製品がもたらす価値を正確に理解していないことが多い。自社の要望はわかっていたとしても、「それを満たすことが、自社にとってどのような意味があるのか」「それを満たす方法が異なると、コストにどのように影響するのか」「要望そのものが変わると、自社にとってどのように影響するのか」を必ずしも理解していない。

例えば、グレンジャー（訳注・工具や部品を提供するメーカー）は、製品の調達コストが製品の価格を上回ることが多く、特にメンテナンス、修理、運用資材にコストがかかる、と顧客に説明している。グレンジャーの広告（図2-1）は、このことを端的に表している。

相違点、類似点、争点

サプライヤー企業が提供する製品は、さまざまな方法でコスト削減や利益増大を顧客にもたらすかもしれない。しかし、競合製品もまた、多くのベネフィットをもたらすだろう。

ＢｔｏＢ市場における製品は、技術面、経済面、社会面、サービス面でのベネフィットを顧客に提供

図2-1_グレンジャーの広告――調達コストは価格を上回る

「品質、信頼、誠実がグレンジャーの証」
ヴァル・E（保守点検責任者）

想定外の製品調達コストを削減します

想定外のサービスは、あらかじめ予測することができません。こうしたことが重なると、想定外の製品調達にかかる年間コストは、他の項目よりもはるかに高くついてしまいます。あらかじめ予算を立てている項目は、購入額合計の6割※にすぎません。想定外の製品調達が増えると、業績にも大きな影響を及ぼしかねません。

探す時間を事業にあてることができたら?

グレンジャーは、これまでにないほど幅広い種類の製品を数多く取り揃えています。故障や緊急事態が発生したら、まずはグレンジャーにお問い合わせください。必要なものをすぐに提供いたします。探す時間を節約でき、その時間を本来の業務にあてることができます。

買いだめ不要。グレンジャーが在庫を保有します

手に入りにくい製品を見つけると、つい買いすぎてしまいませんか? 必要以上に買いすぎると、倉庫を作らなければならなくなります。でも、いつまでも使われずにしまい込まれた製品は、古くなったり期限切れになったりします。このコストは大きな負担になるでしょう。グレンジャーがお客様に代わって在庫を管理するので、お客様は必要なものだけを買うことができます。

※グレンジャー・コンサルティング・サービス調べ
資料:W.W. Grainger, Inc.より提供

するが、これらの価値要素と競合製品の価値要素をどのように比較するかを理解することが、最も重要になる。

価値要素のとらえ方には、次の3つの種類がある。

1　類似点――競合製品の価値要素（性能や機能）とほぼ同等
2　相違点――競合製品の価値要素よりも明らかに優れている、あるいは明らかに劣っている
3　争点――競合製品と比べた価値要素について、サプライヤー企業と顧客で見解の相違がある

さらに、争点には2つの種類がある。1つは、サプライヤー企業は自社製品の価値要素のほうが競合製品よりも優れている（相違点）と考えるが、顧客は競合製品とほぼ同等だ（類似点）と考える場合だ。もう1つは、サプライヤー企業は自社製品の価値要素は競合製品とほぼ同等だ（類似点）と考えるが、顧客は競合製品のほうが優れている（相違点）と考えるケースだ。

哲学的な考えを無視すると、現実というのは世の中に1つしか存在しない。ただし同じ現実に直面しても、サプライヤー企業と顧客では違う見方をすることもある。

争点とは、否定的なものではなく、見解の相違を解決するために協力してデータを収集しよう、とい

うサプライヤー企業と顧客のモチベーションにつながる（注釈6）。

3種類の「顧客価値提案」

類似点、相違点、争点は、顧客に対する価値提案を作成する際の重要なヒントになる。サプライヤー企業のマネジャーが「顧客価値提案」という言葉を使うとき、どのような意味を具体的に思い描いているのだろうか？　他の人が思い描いている意味と同じだろうか？

調査の結果、私たちは、「顧客価値提案」にはさまざまな意味があることがわかった（注釈7）。調査結果から、マネジャーが思い描く「顧客価値提案」は、主に3つに分けられる。表2－1は、それを示したものである。それぞれを整理して、差別化を図る4つの基本的な疑問に答えていきたい。

1　価値提案の構成要素は？

2　価値提案に関して、顧客からどのような質問があるか？

3　サプライヤー企業が価値提案を作成し、営業担当者がそれを提案するには、何が必要か？

4　価値提案について想定される落とし穴は？

すべてのベネフィットを列挙する

サプライヤー企業のマネジャーは、「顧客価値提案」のすべてのベネフィットを列挙する方法を頻繁に用いる。なぜだろうか？

その理由は、対象顧客や競合製品に関してそれほど詳しい知識が必要ないため、最も簡単に作成でき、提供できる方法であるからだ。自社製品が対象顧客に提供できるすべてのベネフィットを並べるだけでよいため、その要素は多ければ多いほどいい。

ただし、この方法にはベネフィットに説得力がないという落とし穴がある。つまり、対象顧客にとってプラスにならない特徴も主張してしまうのだ。次の例について考えてみよう。

ガス・クロマトグラフ（訳注・気化しやすい化合物の同定・定量に用いられる分析装置）の販売業者は、ベネルクス三国の大手企業、大学、官公庁の研究開発部門に対して、高性能の装置に付加価値をつけて販売していた。中でも、特許取得済みのクロマトグラフを採用すると、研究所は、高温蒸発を避け、熱劣化のリスクを和らげ、検査判別結果を向上させ、揮発性溶剤の使用を抑えられる。

売上を伸ばすために、この販売業者は、新たな市場（民間検査機関）を開拓しようと考え、最も基本

表2-1_法人市場における価値提案——価値を伝えるには?

	すべてのベネフィットを列挙する	優位な相違点を列挙する	顧客ニーズに的を絞る
価値提案の内容	製品から顧客が得るすべてのベネフィットを列挙する	競合製品よりも優れている相違点をすべて列挙する	製品を改善することで、近い将来、顧客に最大の価値をもたらすと考えられる相違点(および類似点)を1つか2つ挙げる
想定される顧客の質問	「その製品を購入するとどのようなベネフィットがあるのか?」	「競合製品ではなくその製品を購入することで得られるベネフィットは?」	「その製品がもたらす最大の価値は?」
必須要件	自社製品に関する知識	自社製品と競合製品に関する知識	競合製品よりも具体的にどのような優れた価値をもたらすか
想定される落とし穴	ベネフィットに説得力がない	事実無根の価値を提案してしまう	顧客価値に関する調査が必要

資料:『法人営業は提案力で決まる』(ジェームズ・C・アンダーソン、ジェームズ・A・ナルス、ワウテル・ファン・ロッスム、ハーバード・ビジネス・レビュー2006年10月号)

的なモデルを売り込もうとした。

見込み客との初期の交渉で、同社の営業担当者は、注入方法と、サンプルロスを抑えるというベネフィットを大げさに売り込んだ。ところが、見込み客は苦笑し、「環境規制に対する水質と土壌の定期検査が主な目的なので、サンプルロスは大した問題ではない。室温でサンプル注入すれば十分だ」と説明した。予想外の展開に、この営業担当者は価値提案の再考を迫られた。


この方法には、もう1つの落とし穴がある。多くのベネフィットが競合製品と類似していると、数少ない本当の優位性（相違点）が目立たなくなってしまうことだ。

ある国際的なエンジニアリング・コンサルティング会社が、路面電車の敷設プロジェクトの入札に参加し、見込み客である自治体へのプレゼンテーションの最後に自社のアピール項目を10個挙げた。ところが、最終選考に残った他の2社もほぼ同じような類似点を挙げていた。

ここで、見込み客の立場になって考えてほしい。どの企業も、プレゼンテーションの最後になると、10項目をアピールする。しかもその内容は変わり映えしない。この袋小路をどのように抜けたらよいか？　結局、「価格を見直して最終交渉価格を出してほしい」と依頼し、最も値下げをした会社を選ぶしかない。

このように、類似点が多すぎると、相違点は顧客の印象に残らない。

優位な相違点を列挙する

2つ目の「顧客価値提案」は、顧客には別の選択肢があることを理解した上で、優位な相違点を提案する方法である。

ある大手の産業用ガスメーカーは、顧客企業から「大きなプロジェクトを進めるにあたって、魅力的な価値を提案する2、3社に来社してもらって詳しく話を聞きたい」と言われた。話し合いの場を持った上で、顧客は1社を選ぼうとしていた。

このケースでは、顧客は「その製品を購入する理由」ではなく、「競合製品よりも優れている点」に注目する。メーカーのマネジャーは、詳しい製品知識がなければ競合製品との差別化を図ることはできない。

この方法には、すべてのベネフィットを列挙する方法と共通の特徴がある。それは、多ければ多いほどよいことだ。そのため、メーカーのマネジャーは、できるだけ多くの相違点を挙げようとする。

ところが、メーカー側は、競合製品との相違点を把握するだけでなく、その相違点の価値を顧客企業に伝えなければ意味がない。さらに、競合製品との相違点が複数あると、顧客は、最も優れた価値を提供する製品を見極めるのが難しくなる。顧客の要望や優先事項を詳しく理解し、それらに応える要素について十分に検討しなければ、大して価値のない相違点を顧客にアピールすることになってしまうだろう。

そうなってしまうと、**事実無根の価値を提案する**という落とし穴に陥りかねない。つまり、「自社製品の優位点は、すべて顧客企業にとって価値がある」と勝手に思い込んでしまうのだ。

このように顧客にとって大して価値のない相違点をアピールし続けると、第1章の冒頭で紹介したICチップ・メーカーのケースのように、不必要な値下げをするはめになるだろう。

顧客ニーズに的を絞る

自社製品のベネフィットを列挙するだけの方法に比べれば、優位な相違点を提案するほうがまだ好ましい。しかし最も効果的なのは、3つ目の価値提案方法、つまり顧客のニーズに的を絞って価値を提案する方法である。もっと言うと、顧客のニーズに的を絞っているかどうかは、「顧客価値提案」の究極の判断基準である。

顧客のマネジャーは、責任が重く、時間にも追われていることが多いため、サプライヤー企業は、簡潔で魅力的な価値提案を伝えなければならない。そのためには、対象顧客にとって最も重要な機能や性能を持つ要素に的を絞り、それに基づいて優れた製品やサービスを作り、優れた性能の価値を具体的に示し、顧客の関心や優先事項を理解していることをアピールする必要がある。

この価値提案方法では、1つか2つの相違点と1つの類似点を取り上げ、顧客にとって最も重要な価値を示す。

この方法は、優位な相違点を列挙する方法と2つの点で大きく異なる。

第1に、数が多いことは必ずしもよいわけではない。競合製品と比べて優位な相違点がたくさんあっても、対象顧客にとって最も重要で、しかも改善することで顧客に継続的な価値をもたらす相違点を1つか2つだけ選ぶ。限られた資源を有効に利用するため、サプライヤー企業は、顧客にとってあまり重要ではない相違点をライバル社にあえて譲ることもある。その結果、顧客にとって最も価値のある相違点を改善することに資源を集中させられる。

第2に、的を絞った価値提案方法では、類似点も取り上げる。製品を検討してもらうには類似点を示すことが必要なケースもあり、事実に反して競合製品のほうが優れていると思われている場合には、誤解を解かなければならないからだ。

この提案方法の具体的な効果を明らかにするため、いくつかの例を紹介したい。

ソノコは、ヨーロッパの大手消費財メーカーに、ある商品のパッケージデザインの変更を提案した。ソノコは、パッケージデザインを変えれば顧客の売上が増えると考え、イノベーターとしての自社評価をアピールしながら価値を提案した。

新しいパッケージデザインには6つの優位な相違点があったが、ソノコは顧客のニーズに的を絞って、2つの相違点と1つの類似点のみを提示した。

ソノコの価値提案は、新しいパッケージデザインは既存のパッケージデザインと価格は同じだが、梱包のスピードがアップするため生産性が大幅に向上し、既存のパッケージデザインよりも消費者の心に訴える、というものだった。

ソノコが類似点（価格が同じ）に触れたのは、価格が高かったら顧客はパッケージデザインの変更を検討することすらないだろうと考えたからだ。1つ目の相違点（生産性の向上）によって、繁忙期には1週間毎日3交代で稼働していたのが、週5日2交代のシフトに変更でき、コストの削減につながる。また2つ目の相違点（消費者の心に訴える）によって、顧客は売上と収益を伸ばすことができる。

パッケージデザインの変更を顧客に訴える際、ソノコは他の優位な相違点にはあえて言及しなかった。それよりも、顧客にとって最も重要な1つの類似点と2つの相違点に的を絞った価値提案を作成した。

競合製品と同等なのに、競合製品のほうが優れていると顧客が誤解している場合は、類似性を強調した価値提案をすることが不可欠になるだろう。

ここで、インターグラフの例を紹介しよう。同社はエンジニアリング、調達、建設に携わる企業向けにソフトウエアを提供しており、これらの企業（フルーアやベクテルなど）は、さらに石油化学、製薬、電力業界向けに製造プラントを設計、建設、供給している。インターグラフのSmartPlant P&IDは、設計中のプラントの流れ工程（バルブ、ポンプ、配管）を明らかにして、系統図（P&ID）を作成するためのソフトウエアである。このソフトウエアの価値提案を考えるにあたって、インターグラフは1つの類似点と3つの相違点を取り上げた。

・SmartPlant P&IDを使用すると、競合製品とほぼ同じ期間で（早くはないが）、P&IDグラフ（製図やレポート）を作成できる。
・SmartPlant P&IDは、設計プロセスのすべての段階で、設備資産や手順に関する上流工程データも下流工程データもすべてチェックし、一般的なエンジニアリング業務、企業固有のルール、プロジェクトやプロセスに固有のルールに従っていることを確認できるため、顧客は設計のやり直しや誤発注などのミスに伴うコストを回避できる。

・SmartPlant P&IDは、プロセス・シミュレーションなどの上流工程も計装設計などの下流工程も統合管理しているため、データを改めて登録する必要がない（ミスを回避できる）。
・SmartPlant P&IDを使用すると、離れた場所にあるオフィスが協力してプロジェクトを実施でき、いくつものデータを1つのデータベースにまとめて顧客やプラント所有者に配信することができる。

SmartPlant P&IDの製図や作図の性能は、競合製品よりも劣ると誤解している見込み客がいたため、インターグラフは価値提案の中で類似点を示す必要があると考えた。

競合製品はCAD（コンピューター支援設計）をベースにしているのに対し、SmartPlant P&IDはリレーショナルデータベース（訳注・関連のあるデータ項目の集合体）を基盤としているため、性能に対する誤解がよく生じていたのだ。この誤解を解くために、インターグラフは既存顧客のデータを集めて、性能に差がないことを示した。

的を絞った価値提案にも、顧客価値を調査する必要がある、という落とし穴がある。ところが実際には、ほとんどのメーカーが顧客価値調査を組織的に実施していない。

顧客価値調査には、時間、労力、忍耐、そして創造力が求められるため、決して簡単ではない。それでも、大手樹脂メーカーのケース（第4章で紹介する）からもわかるように、顧客価値調査を行わ**ない**

と重大な落とし穴に陥ってしまう。

「顧客価値提案」と好業績

対象顧客の心に響く価値提案を作成し、顧客価値調査によってそれを実証すると、サプライヤー企業は好業績を達成することができる。

インターグラフの業績を見てみよう。業界の年間収益成長率は平均10~12%であるのに対し、同社は35%の成長率を計上した。さらに、「利益を伴う成長」に注目すると、業界の利益率は平均14~16%であるのに対し、同社は26%を達成した。

マネジャーの中には、価値提案とは、展示会の広告や看板などのように、マーケティング担当者が作成するマーケティング・コミュニケーションのツールのようなものだ、と割り切っている人もいる。しかし、このような考えはあまりにも近視眼的で、価値提案が好業績に貢献できる可能性を軽視している。

価値提案を正しく作成すると、対象顧客の要望や優先事項、さらにはそれを満たす金銭的価値に注目できる。さらに、関連するすべての部門のマネジャーが価値提案の作成と評価のプロセスに関わることで、市場で自社が何を達成したいのかについて、共通の理解を構築できるだろう。

このように考えると、価値提案は、市場戦略の方向性に対する全社的な合意形成に貢献することができる。特に、「何を達成したいのか？」という疑問に答えることができるのだ。「サプライヤー企業は、どの顧客を重要顧客だと考えているのか」「製品のどの部分をアピールしたいのか」「顧客にどのような価値を約束しているのか」というポイントに的を絞ることができる。そのためには、企業の全社員が、これらのポイントを十分に理解する必要がある。

しかし、全社員が大きな目標を求め、価値提案の内容に注目しているわけではないかもしれない。例えば、この製品の対象ではないことを顧客に知られるのを恐れて、価値提案を明言したくない社員もいるかもしれない。そういった企業は、あいまいな価値提案を作成して、「どの顧客も一様に、その製品の優良な見込み客だ」という考えを顧客や営業担当者に持たせようとしている。

このような考えは、営業担当者の努力を希薄にしてモチベーションを低下させるだけでなく、要望に合わない製品を顧客が購入すると、マイナスの影響を及ぼすことになりかねない。

的を絞った価値提案は、企業がブランドを構築する上で不可欠なものである。多くの相違点と争点を価値提案で示すと、肯定的な評価が得られるかもしれないが、私たちは、対象顧客にとって最も価値のある1つか2つの相違点や争点だけを強調することを薦めたい。

製品やサービスのブランド構築では、これらの要素を大幅に改善させることに資源を注ぎ、改善によって顧客価値管理が成功することを実証・文書化して、対象顧客に納得してもらう。

後に製品の変更計画を決定する際にも、この「顧客価値提案」が、その判断基準となるだろう。変更計画は一貫性があり、既存製品を強化するものだろうか。あるいは、製品の特性を微妙に変えることになるのだろうか。どちらも好ましい戦略かもしれないが、変化を積極的に管理することで、企業は市場でのポジションを明確にできる。

例えば、製品開発を計画している事業部門のゼネラルマネジャーは、価値提案を利用して、製品開発に関して組織内で対立するさまざまな意見を総合的に判断しなければならない。そうすれば、対象顧客が最も重視する価値要素に基づいて製品を作ることに限られた資源を注ぐことができ、顧客から大きな見返りを得ることになるだろう。

第3章

価値提案の明確化

価値がありそうな相違点を明らかにする

前の章では、好業績を達成するには、サプライヤー企業は顧客のニーズに的を絞った価値提案（バリュー・プロポジション）を作成することが必要だ、と述べた。この章では、ＢｔｏＢ市場でそのような価値提案を作成するプロセスについて説明する。

まず、現在の相違点と潜在的な相違点を仮定し、対象顧客にとって価値があると思われる要素について検討する。次に、定性調査を行い、価値提案の潜在的な要素をさらに改良する。最後に、相違点と争点を正確に表現した「言葉による価値方程式」を作成する（のちに実施する顧客価値調査で推定する）。

現在の相違点と潜在的な相違点を仮定する

自社製品と競合製品が提供する価値の違い（相違点）に関する知識は、企業によって大きく異なる。徹底的に考え抜く企業もあるかもしれないが、多くの企業は、自社製品の価値について大まかで部分的にしか理解していない。

重要だと思われる相違点を明らかにするには、サプライヤー企業は、競合製品と比べて自社製品について知っている事柄を集めることから始める。その結果、自社製品の優位な相違点（および競合製品の優位な相違点）を2、3個特定できるかもしれない。あるいは、相違点を見つけられず、自社製品は汎用的だと結論付けることになるかもしれない。

いずれの場合でも、顧客価値調査には多くの学習機会があるため、重要だと思われる相違点を見つけて調査することを薦めたい。

その相違点は、近い将来に変えようと計画している要素（例えば、製品の機能拡張や新たな補完サービスの提供など）かもしれない。あるいは、これらの相違点が対象顧客にとって十分に価値があることがわかれば、手ごろな投資で短期間に変更できるかもしれない。

価値がありそうな現在の相違点を明らかにする

対象顧客にとって価値があると思われる現在の相違点を明らかにするため、企業のチーム（製品や顧客に関する知識があり、さまざまな部門から集まったスタッフで構成される）は、その市場で提供する製品の価値要素をリスト化し、競合製品を特定して自社製品と比較・評価する。

価値要素のリストを作成する――ＢｔｏＢ市場の製品やサービスには、多数の価値要素がある。そのため、対象となる市場を明確にしたら（「顧客価値提案」は各市場固有のものである）、価値要素をすぐにリストアップするとよいだろう。

まずは、中核となる製品やサービスの価値要素を列挙し、それを補強するサービス、プログラム、システムの価値要素を続けて挙げる方法が簡単だ。あるいは、対象顧客が製品から得る技術面、経済面、社会面、サービス面でのベネフィットを持つ価値要素を順番に列挙する方法を採る企業もあるだろう。ただし、後者のほうが難しいケースが多い。

サプライヤー企業のチームは、製品の価値要素を包括的で公平に列挙することが重要である。競合製品のほうが優れている要素を除くと、それに気づいた顧客からの信用を失い、営業活動に支障を来たしてしまう。できるだけシンプルに列挙するほうが、製品の機能や性能の違いをより正確に測定できる。

例えば、「技術的サービスの提供」という要素はあまりに広義であるため、顧客のコストをどのように削減するのかを理解したり、サービスの性能を競合製品と比較したりできない。また、「顧客サンプルの検査」や「現場での装置の調整」という要素も、「技術的サービスの提供」に含まれるだろう。

これに続く顧客価値調査では、「工場を停止したときの1時間あたりのコスト」といった広義の質問のほうが、顧客のマネジャーは答えやすいかもしれない。しかし、これらの答えは、顧客の事業プロセスに及ぼす影響（例えば、メンテナンス費用、廃棄処理費用など）を見落とす可能性があり、顧客価値を推定する上で正確さが低くなる。

競合製品を特定する——価値要素のリストを作成したら、対象顧客がどの競合製品を頭に思い浮かべているのかを考える。通常は、顧客が主なライバル社だと考える企業の製品が挙がる。ただし、自社の旧製品が競合製品になる可能性もある。

比較する競合製品は1つであることが望ましいが、競合製品が国によって異なる場合など、ごくまれに2つの製品を調べることがある。

例えば、ある医療検査機器メーカーは、全ヨーロッパの市場の競合製品として1つの機器を選んだが、ドイツだけは例外だった。ドイツの顧客は、国内のライバル社の製品を競合製品だと考えていたからだ。このケースでは、医療機器メーカーは価値要素のリストを再検討し、2つ目の競合製品とも比較した。

自社製品と競合製品を比較する——サプライヤー企業は、顧客に対して優れたサービスを提供しているかもしれないが、BtoB市場では、ライバル社も同じような行動をとっていることが多い。そこで、その後の顧客価値調査を円滑に実施するため、第2章の基本的な価値方程式に少し手を加えた。

（価値f－価格f）＞（価値a－価格a）　（方程式3－1）

（価値f－価値a）＞（価格f－価格a）　（方程式3－2）

価値ｆ＝自社製品やサービス（製品ｆ）の価値
価格ｆ＝自社製品やサービス（製品ｆ）の価格
価値ａ＝競合製品やサービス（製品ａ）の価値
価格ａ＝競合製品やサービス（製品ａ）の価格

このように、本当に重要なのは、製品やサービス自体の価値ではなく、２つの製品やサービスの**価格の差**に対する**価値の差**なのである。

サプライヤー企業のチームは、競合製品のリストを見直し、製品やサービスの各価値要素の性能や機能が同等であるか（類似点）、違っているか（相違点）を判断する。その際、公平に評価を行うことが大切だ。

余分な偏見を排除して率直に行うと、見落としがちな相違点を明らかにできる。「技術的サービスという要素は、どの企業も提供している」と考えてしまうと、相違点を見つけるのは難しい。ところが率直な態度で臨むと、技術的サービスに関するいくつかの点について考え、相違点を引き出すことができるだろう。例えば、「ライバル社と比べて、顧客からの要請にどのくらい早く対応できるか？」「１回の電話で解決できる問題は全体の何％か？」「１日で顧客の満足度を得られる問題は全体の何％か？」と考えることができる。

このようにシンプルに考えると、製品やサービスの相違点となる価値要素の膨大なリストの数が絞られる。相違点の大半は自社に優位なものだが、競合製品に優位なものも多少は含まれているだろう。

一般的に、チームは、できるだけ多くの相違点をリストアップしたがる。しかし、チームがリストアップした相違点のうちいくつかは、類似点であると判明することが多い。

その後チームは、類似点と相違点に関する見解を、顧客価値調査に参加した顧客に伝える。すると、争点——チームと顧客が同意しない類似点と相違点——が浮かび上がる。

優れた価値を生み出す改良を明らかにする

顧客価値調査は、「自社製品の改良によって、価値がどのように増大するか」を学べる重要な機会である。また、サプライヤー企業だけでなく調査に参加する顧客企業にとっても、「製品やサービスをどのように改良すると、最大の価値が得られるか」について新たな知識を得られる機会でもある。

調査結果をもとに、サプライヤー企業は、対象顧客が最も重視している要素に、限られた資源をどのように配分するかを考えることができる。

とは言え、検討するべき改良点を特定するのは難しい。すぐに思いつく改良は、現状を直線的に拡大したただけの平凡なものであることが多い。価値のある改良点をいくつか明らかにできるかもしれないが、もう少し見解を広げて、創造的な改良点を1つか2つ加えることを薦めたい――難しいかもしれないが、他の企業に差をつけるチャンスでもあるのだ。

顧客価値を大幅に高める創造的なアイデアを生み出すため、W・チャン・キムとレネ・モボルニュが提唱するいくつかの質問について考えてみよう（注釈1）。

これらの質問は、枠にとらわれない考えを促進するものである。具体的に言うと、サプライヤー企業のマネジャー、営業担当者、現場技術者は、既存の製品やサービス、または既存の価値提案に関する次の4つの質問に答えなければならない。

1 減らす――業界標準より大幅に下げる必要のある価値要素は？

2 増やす――業界標準より大幅に上げる必要のある価値要素は？

3 取り除く――業界で当たり前だと思われているが、削除するべき価値要素は？

4 創り出す――業界で提供されていないが、創造するべき価値要素は？

価値要素を「減らす」例として、薬剤給付管理会社のメドコが、企業顧客や健康医療団体のために、競合する医薬品と同社のジェネリック医薬品の効能を調査したケースが挙げられる。メドコは、調査結果を参考にして、顧客のニーズに合わせて事前承認のリストに載せる医薬品を選ぶ。これらのリストでは、医師が処方できる医薬品の数を減らし、低コストのジェネリック医薬品を推奨している。

また、社用ジェット機をシェアするサービスを提供しているネットジェッツは、価値要素を「増やした」好例だ。民間航空機のファーストクラスを利用する代わりにネットジェッツを利用すると、企業の役員は、5000カ所の空港間を乗り換えなしで移動することができる。しかもその多くは小規模の地方空港であるため、多忙な役員は、民間航空会社よりもアクセスがいい空港を利用することができる。

価値要素を「取り除いた」デルは、低価格を求めていた小規模の法人顧客に対して、小売店でコンピューターを購入できるという従来のベネフィットを提供するのをやめた。

金融情報プロバイダーのブルームバーグは、価値要素を「創り出した」。2つのフラットパネルモニターを搭載した端末を設計したことで、トレーダーは複数の画面を利用して必要な情報を同時に得られるようになった。さらに、よく使う金融用語のラベルがついたキーボードを開発し、分析機能も内蔵した。そのため、トレーダーは1つのボタンを操作するだけで情報を分析することができるようになった（注釈2）。

定性調査を行って価値提案を改良する

調査チームの考えと判断は、それぞれの経験に基づいているため、広範囲に及ぶものである。しかしながら、それは市場に関する企業の見解を示しているにすぎない。顧客からのフィードバックが得られると、より綿密な顧客価値評価（第４章で詳説する）を進めるのに役立つだろう。

また、時間もコストもあまりかからない定性調査を行うだけで、サプライヤー企業は、「付加価値を提供できない性能に、顧客企業が心を奪われていないかどうか」をチェックできる。顧客が特定の性能に詳しいと、その要素にばかり注目してしまう可能性があるのだ。

ＢｔｏＢ市場では、主に２つの定性調査の方法が有効だ。それは、フォーカスグループを利用すること、そして顧客企業を直接訪問することだ。

フォーカスグループ

フォーカスグループとは、司会役が参加者たちに製品やコンセプトを示して、意見や反応を求めることを目的としたマーケティングセッションである。通常、参加者は、当該製品の対象顧客から集められるが、業界のコンサルタントや評論家を集めて、その反応を調べるケースもある。

最も重要だと思う改良点について、参加者間で率直に意見を交換してもらう。これらを参考にして、アナリストは、製品やサービスの最も価値ある改良点、潜在的な市場、製品差別化の機会などについて考えをまとめる。つまり、顧客のニーズに的を絞った価値提案を作成するためのネタを見つけるのだ。

可能であれば、コンベンションや展示会など、顧客の業界のイベント中にフォーカスグループを実施するのが望ましい。顧客はすでにイベントに参加しているため、フォーカスグループへの参加を促しやすく、また多様な顧客を集めるコストも削減できる。

フォーカスグループよりも**座談会**と呼んだほうがおもしろそうに聞こえるため、参加者を募りやすいかもしれない。また、座談会と言ったほうが、本来の目的——製品やサービスをどのように改良すると顧客の要望や優先事項を満たすか、参加者間でオープンに意見を交換してもらう——をより的確に表現している。

「顧客のある1日」調査

顧客価値管理の成果を測る「リトマス試験」では、価値の付加とコストの削減の方法について新たな知識が得られたかどうかを判断する。つまり、サプライヤー企業と顧客企業は、「サプライヤー企業の製品が、どのように顧客価値を増大させて、コストを削減するか」について、理解を深めることができただろうか？

フォーカスグループは、特定の製品やサービスに対する顧客の反応を調べるのには適しているが、その場合、サプライヤー企業は価値を生み出す要因をあらかじめ把握していなければならない。価値の新たな要因を探すには、「顧客のある1日」（DLC：Day in the Life of the Customer）調査が適している（注釈3）。

アクシオス・パートナーズは、顧客価値管理を専門とする経営コンサルティング企業であり、クライアントがDLC調査を実施して顧客価値の要因を追求するのをサポートしている（注釈4）。

アクシオスは、サプライヤー企業はもちろんのこと、顧客企業からも、さまざまな部門のマネジャーが積極的にDLC調査に参加するように促している。部門ごとに考え方は異なるため、調査の実施によって新たな知識や理解が生まれる可能性が高くなるからだ。

また、現場での観察によって、顧客が気づいていない新たな価値やコスト削減を明らかにすることもできる。この調査では、顧客が明確に示している不満を探すだけでなく、サプライヤー企業の調査チームと参加顧客のマネジャーは、「これまで当たり前のように行ってきたやり方は何か」「そのやり方を改善できる機会として、まだ認識されていない要素は何か」を探している。アクシオスがＤＬＣ調査を行った2社のクライアントの例を見ていこう。

あるサプライヤー企業は、顧客（メーカーから製造を請け負っているＯＥＭ企業）の工業エンジニアが利用するサブシステムのデザインプロセスを改善する方法を模索していた。このサプライヤー企業は、長年、ＣＤ－ＲＯＭで部品のカタログを出版してきたが、顧客のエンジニアは、紙ベースのカタログよりも新しいとはわかっていても、ＣＤ－ＲＯＭのカタログを利用していなかった。エンジニアによると、紙ベースのカタログのほうが気に入っているのだが、実はその理由はよくわかっていない。サプライヤー企業の調査チームが顧客の現場を訪問した際、あるデザインエンジニアに、いつものやり方で新製品の部品を探してもらった。すると、本棚に行き、最新のカタログの他に過去2年分のカタログも手にした。それは付箋紙だらけで、部品に関するコメントもたくさん書き込まれていた。ＣＤ－ＲＯＭでは、エンジニアたちは自身の経験や知識を記録しておくことはできないのだ。

この新たな発見に基づいて、サプライヤー企業は、製品に関する個人的なコメントをユーザーが記録して、それを見直したり再利用したりできるオンラインカタログを作成した。一見ささいに思えるような機能でも、エンジニアはより適切な部品を短い時間で探すことができる。その結果、新しい部品カタログは飛躍的に改善された。

ＩＫＯＲは、コンピューティング市場向けの電力の管理・変換ソリューションの大手プロバイダーである。特許を取ったばかりの革新的なテクノロジーの機会を評価するため、ワークステーションとサーバーのメーカーでＤＬＣ調査を行った。

ＩＫＯＲの調査チームは、顧客の現場を訪問し、新しいシステムのアーキテクチャーのパワー設計について、さまざまな点を掘り下げて調べた。その結果、これまで無視されていた電子システム統合の電力に関する重大な問題をつきとめた。

ＡＣ電圧からＤＣ電圧への変換を行うワークステーションとサーバーのシルバーボックス（ＳＢ）には、発生した熱を放散するためのファンが内部に設置されている。主要ベンダーのＳＢデザインは、既存のシステムを維持するのに必要な技術から5年も遅れている上、設置スペースと騒音という矛盾する技術（ボックスが小さいと、熱放散を管理するにはより強力なファンが必要になる）のバランスをとるテクノロジーも不十分である。調査チームは、そのことを発見したのだ。

この調査結果からＩＫＯＲは、プロセッサーの性能を損なうことなく円滑なファンの動作と低ノイズを実現させるために、より効率的で熱損失が少なく気流制御に優れたＳＢを再設計する計画を立てた。

この革新的なＳＢデザインは、ＩＫＯＲの顧客に新たな配置オプションを提供し、顧客はシステムデザインの限界を押し広げることができた。

言葉による価値方程式を作成する

「顧客価値管理」で重要なポイントは、製品やサービスから顧客が得る技術面、経済面、社会面、サービス面でのベネフィットの価値を金銭に換算することである。

これを実践するには、時間、労力、資金、忍耐、そして創造力が必要であるため、決して簡単ではないが、「バリューマーチャント（価値の提案者）」になりたい企業は、この課題に取り組まなければならない。次の例について考えてみたい。

・発注のたびに請求書を発行する代わりに、月ごとにまとめて請求書を発行する（経済的ベネフィット）と、長期的には顧客の事務処理コストの削減につながる。

・プラスチック射出成形にダイヤモンドのようなコーティングをして取り外しを容易にする（技術的ベネフィット）と、機器の故障を低減し、作業のスピードアップを図ることができる。それは稼働率の向上とサイクルタイムの短縮につながり、最終的には顧客の収益・利益増を実現できる。
・使用済みの容器を顧客から回収する、という化学メーカー固有のサービス（サービス面でのベネフィット）は、環境に配慮した方法で使用済み容器を廃棄する必要がなくなるため、顧客のコスト削減につながる。
・強力なブランド名（例えば、キャタピラー）を前面に押し出す（社会的ベネフィット）と、コマツと比べてキャタピラーのほうが再販価格や下取り価格が高くなり、顧客のライフサイクルコスト削減につながる。

残念ながら、ＢｔｏＢ市場の多くの企業が、顧客にもたらす機能やベネフィットの価値を金銭に換算するよりも、機能やベネフィットそのものを顧客に示すほうが簡単だと感じている。そもそも、自社製品の優れたベネフィットを金銭に換算するには、どうしたらよいかがわかっていない。

サプライヤー企業は、言葉による価値方程式を利用して、自社製品と競合製品の相違点と争点を実証・文書化することができる。そうすれば、顧客企業のマネジャーは、相違点と争点を容易に理解し、サプライヤー企業の評価を正確に把握し、その結果に納得できる。

言葉による価値方程式は、優れた価値を顧客が納得できるように金銭に換算して、実証・文書化する論理的手法である。これは、自社製品と競合製品の価値要素である機能や性能の違いを評価する方法、およびその違いを金銭に換算する方法を、言葉と簡単な演算子（＋や÷など）で正確に表したものである。

方程式は、相違点（および争点）で構成されている。コスト削減や収益増大などで表現される価値要素は左辺、機能や性能の違いを定義する要素とその価値は右辺に記述する。さらに、言葉による価値方程式には、価値要素に関するサプライヤー企業の仮定とその金銭的価値も含まれる。

言葉による価値方程式を利用すると、ＢｔｏＢ市場で一般的に見られる2つの問題に対応できる。

1つ目の問題は、**価値の主張**――つまり、自社製品は競合製品よりもコスト削減や付加価値の点で優れていると主張するだけでは、それを裏付ける具体的な証拠を示すことはできない。さらに、ストーリーを話すたびに、価値の主張はますます誇張され、「話を盛る」傾向がある。

2つ目の問題は、**スプレッドシート熱**である。エクセルのスキルを見せびらかしたい技術志向の担当者は、複雑で理解しにくいスプレッドシートを作成してしまう。その結果、詰め込み過ぎで数字だらけのスプレッドシートになり、しかもその数字の意味がほとんど説明されていない。スプレッドシートの内容について質問すると、作成者でさえ数字の意味を正確に説明できないことがある。

これに対して、インターグラフやロックウェル・オートメーションなどのベストプラクティス企業は、言葉による価値方程式を用いて、「自社製品を採用すると、どの程度のコスト削減や価値増大につながるのか」「どのようなデータを集める必要があるのか」「データをどのように組み合わせて価値予測を提供するのか」を、明確にわかりやすく説明している。

インターグラフの営業担当者は、ノートパソコンで使用できるソフトウエアで、これを実践している。同社のSmartPlant®エンジニアリング・ソリューションの開発責任者であるフランク・ヨープは、「エンジニアの見込み客（ヨープ自身もエンジニアである）は、コスト削減の根拠を正確に定義した方程式を知りたいだろう」と考えた。私たちのインタビューで、彼は「エンジニアだったら、この数字を導き出した公式が知りたいはずだ」と述べている（注釈5）。

言葉による価値方程式と並行して、調査チームは、価値要素と金銭的価値も推測する。つまり、顧客価値調査で分析を行うには推測が必要になるのだ。顧客に固有の状況で提供される製品やサービスの機能や性能、特に測定するのが難しかったり費用がかかったりする特性について、推測する。あるいは、顧客に固有の状況で提供される製品やサービスの性能の相違に対して、金銭的価値を当てはめて、推測を行うこともできる。

推測は明白なものでなければならない。遠回しな推測や疑わしい推測に顧客が気づくと、分析全体の信頼性が失墜しかねないからだ。

これに対して、すべての推測が明白であれば、顧客の経営陣は率直に異議を唱えることができる。すると、鋭いサプライヤー企業は、顧客の代替案の論理的根拠を顧客のマネジャーに尋ねる。その根拠が妥当であるかどうかによって、サプライヤー企業は、代替案を受け入れて分析するか、あるいは両者が協力して顧客にとって最適な推測をするように提案する。

言葉による価値方程式のデータは、サプライヤー企業と顧客のマネジャーが協力して顧客企業内から集めるのが普通だが、業界団体など外部機関のデータを利用することもある。

結果を公表する際は、まず言葉による価値方程式を示す。次に、それぞれの方程式にデータを代入して計算する。そして、その結果をまとめて、**顧客価値モデル**と呼ばれる価値の概要を作成する。

ロックウェル・オートメーションの価値方程式

ロックウェル・オートメーションは、自社のモーターソリューションと競合製品を比較し、自社製品を利用すると、消費電力がどれだけ節約されてコスト削減につながるかを計算した。

消費電力の節約によるコスト削減＝競合他社のソリューションを利用した場合の［消費電力（キロワット）×年間総稼働時間×電気料金（ドル／キロワット時）×ソリューションの使用年数］－ロックウェルのソリューションを利用した場合の［消費電力（キロワット）×年間総稼働時間×電気料金（ドル／キロワット時）×ソリューションの使用年数］

消費電力（キロワット）は、消費した電力の量を示し、消費電力（キロワット）＝1馬力×0・746×ユニット効率で表す。1馬力とユニット効率は、メーカーがモーターソリューションの側面に明記する業界標準の製品仕様であり、0・746は馬力をユニット効率に換算する際の電気工学の標準係数である。

この言葉による価値方程式は、わかりにくい印象を受けるかもしれない。それは、機能や性能を正確かつ効果的に伝えるために、サプライヤー企業と顧客企業が業界用語を多用しているからである。

屋根業者の価値方程式

屋根業者、経営コンサルティング、保険など、複数のサプライヤー企業に契約を分けるのが難しいケースもある。

このような市場の顧客は、競合する複数企業の製品やサービスについて検討することもできるのだが、1つの企業を選択する傾向がある。1つのサプライヤー企業しか契約を結べない場合、複数企業の製品やサービスを比較するのが難しくなる。比較できないと、顧客は過去の経験やコンサルタントの助言に基づいて、競合製品を選んでしまうかもしれない。

このようなケースでも、言葉による価値方程式は有効だ。ただし、顧客が期待する性能と製品やサービスの実際の性能の比較を、方程式で明らかにしなければならない。

その例として、屋根業者に対する私たちの取り組みを紹介したい。フロリダのジュース加工工場の屋根の修繕を巡って、ある屋根業者が他社と競合していた。

この屋根業者（ＣｏｍＲｏｏｆと呼ぶことにする）は、大手消費者製品メーカーの工場修繕の契約を結ぶことができた。最近ではますます一般的になっているが、この顧客企業も多分に漏れず、工場のメンテナンス・再建の計画、設計、監督業務をエンジニアリング・コンサルティング会社にアウトソーシングしている。このエンジニアリング・コンサルティング会社（Ｃｏｎと呼ぶことにする）は、経験に基づき、ジュース加工工場の屋根の修繕を完成するのにかかる日数をすでに推測していた。

新しい屋根ふき材と断熱材を取り付ける前に、既存の屋根材を取り除かなければならない。既存の材料を交換している間は、工場内を低温に保つための冷却コストがかさむ。優れた計画管理と現場監督によって、ＣｏｍＲｏｏｆはＣｏｎの推測よりも早く作業を完了させることができた。以下の価値方程式は、日数を短縮することで冷却コストの増大をどれだけ抑えられるかを示している。

冷却コストの削減＝（Ｃｏｎによる［推測の冷却パワー増大日数］－ＣｏｍＲｏｏｆによる［実際の冷却パワー増大日数］）×１日あたりの冷却パワー増大コスト

１日あたりの冷却パワー増大コスト＝ふき替え中の冷却にかかる１日あたりの電気代－既存の屋根材を取り除く前に冷却にかかっていた１日あたりの電気代

このケースからも、包括的でシンプルに検証することがいかに重要であるかがわかる。新しい断熱材と屋根材のほうが古い材料よりもＲファクター（熱抵抗の係数）が高くなる場合（よくあることだ）、その他のコスト削減も可能だろうか？

この価値を算出するには、以下の価値方程式を利用できる。

Ｒファクターが高い場合に、早期完了による冷却コストの削減＝（既存の屋根の［１日あたりの冷却

パワーコスト」－新しい屋根の［1日あたりの冷却パワーコスト」）×予測より早く完了した日数

ComRoofの経営陣は、このような論理的な方法で修繕プロセスの価値について考えたことがなかった。しかし、言葉による価値方程式を推測するために、必要なデータを集めることに同意してくれた。このような知識を身につけたことは、今後、ジュース加工工場の見込み顧客に対して、優れた性能の価値を実証・文書化するのに役立つだろう。

言葉による価値方程式を利用した別のケースについては、付録BのPeopleFloのEnviroGear® ポンプの顧客価値モデルを参照していただきたい。

第4章

価値提案の具体化

優れた価値を実証・文書化する

ヨーロッパとアメリカで開催された座談会に参加した顧客のマネジャーたちは、平凡で特徴のない価値を提案するサプライヤー企業が増えている、と口々に嘆いた。「御社のコストを削減します！」とアピールするだけ。

ロッテルダムでの会議に参加したあるマネジャーの話によると、コスト削減のアピールを苦笑いしながら聞いていたのだが、残念なことにコストは一向に削減されていない。こういったアピールの信頼性を評価するため、このマネジャーはサプライヤー企業にいくつかの質問をして、アピールを裏付ける人材、手順、手段、経験があるかどうかを調べた。その答えから判断すると、ほとんどの企業が夢のようなおとぎ話をしているにすぎなかった。

簡単に言うと、説得力のある価値提案（バリュー・プロポジション）を作成するには、顧客価値を実証し、それを文書化しなければならない。第3章で説明した「言葉による価値方程式」は、自社製品と競合製品の相違点を正確に示し、その違いを金銭に換算する論理的手法である。

この価値方程式を計算するには、顧客価値調査を行ってデータを収集しなければならない。そして、顧客価値調査で得た見解に基づき、優れた価値を提供する製品を顧客に合わせて創造する（これについては第5章で説明する）。さらに、優れた価値を実証・文書化するためのツールを作成して、対象顧客に対する価値提案を具体化する。

顧客価値調査の実施

まず、どの製品とどの市場について、顧客価値調査を行うかを決める。調査の主な目的は、自社製品が顧客に提供できる付加価値とコスト削減について、新たな知識を得ることである。

これに関連して、自社製品の優れた価値が顧客によってどう異なるのか（つまり、顧客ごとにどのように調整したらよいのか）を知る、という目的もある。こういった見解が得られると、対象顧客を正確につきとめることができる。

そのため、顧客価値調査を設計する際は、競合製品よりも自社製品のほうが顧客価値が高い（または低い）と仮定するディスクリプター（顧客特性）に基づき、市場を区分したり細区分したりする。調査を適切に実施するには、2つの区分または細区分を選択し、その仮定を比較するのが望ましい（注釈1）。

顧客価値調査チームの構成は、調査プロジェクトの特性によって異なるが、顧客の問題解決に最も頻繁にかかわる人物（現場の技術担当者、現場のアプリケーション・エンジニアなど）、製品マーケティングや製品開発の担当者、斬新なアイデアを持つ営業担当者などで構成されることが多い。

プロジェクトの立ち上げに、営業担当者を参加させることは重要だ。顧客に関する専門知識や製品の使用方法に詳しく、調査に積極的に参加してくれそうな顧客との関係を築いているからだ。

また、顧客価値管理のプロジェクトの立ち上げから営業担当者を関与させると、そこでの経験を他の担当者に力説してもらうことができる。営業担当者を社内の推進派にすることは、「営業担当者」から「バリューマーチャント（価値の提案者）」にする上でも重要である（第6章で説明する）。


調査を始めるには、経営陣の中からリーダーを選ばなければならない。リーダーには、優れた管理能力と対人能力が必要だ。現場のマネジャーは、リーダーとしてはお薦めしない。

例えば、新製品をどの市場で最初に販売するかを決定する場合は、プロダクトマネジャーが大いに貢献するだろう。しかしながら、調査プロジェクトの管理や実施プロセスについては、より客観的な視点を持つマネジャーに任せるほうが好ましい。

顧客価値評価では徹底した分析を行う必要があるため、リーダーは業務時間の半分以上を費やさなければならなくなる。メンバーも、責任の程度によって差はあるものの、業務時間の4分の1程度はプロジェクトに割く必要があるだろう。ただし、関与時間は時期によって異なり、週に数日要する時期もあれば（例えば、データを集めるために、調査参加顧客の現場を訪問するときなど）、まったく関わらない期間もある。

顧客価値調査を成功させるには、経営陣の積極的な支援が欠かせない。そのため、シニアマネジャーが、スポンサーの役割を果たすケースが多い。

経営陣の関わり方については、プロジェクトのスタート前に決めておかなければならない。第1章で述べたように、シニアマネジャーは、「パイロットプログラムが事業にとっていかに重要であるか」をチームに伝えなければならないが、自らの関与を通して身をもってそれを示す必要がある。顧客価値ワークショップの決起式に参加する、取り組みの進捗状況を監視する、ビジネスケースのプレゼンテーションに参加する、といった目に見える関与は、力強いメッセージをチームに伝えることになるだろう。

顧客価値調査は、3つのステップで進めていく。

それは、顧客の協力の確保、データの収集、データの分析だ。

そして最後に、変革のためのビジネスケースを作成して、対象顧客に対して実現したい価値提案の方向性を定めて、調査を完了する。本章の最後に、実際のケーススタディを紹介する。

顧客の協力を得る

既存顧客や見込み客に調査への参加を要請する前に、やるべきことがいくつかある。まず、参加してほしい顧客を決めなければならない。参加顧客数は市場規模によって異なるが、通常は各市場から6～8社選ぶ。

次に、調査に協力してもらう動機について考える。

そこで、「ギブズ&ゲッツ（何を提供するか、何を得られるか）分析」をお薦めしたい。「ギブズ」では、顧客企業に提供してもらいたい資金や資源（マネジャーの時間やデータなど）を明確にする。一方「ゲッツ」では、顧客企業が受け取るメリット（調査結果、コスト削減の方法など）を明確にする。ギブズ&ゲッツ分析を概念化したものを図4－1に示している。

調査チームは、自社の視点と顧客の視点の両方から、ギブズ&ゲッツを理解し、評価しなければならない。

例えば、「自社が提供していると認識しているものと、顧客が得ていると認識しているものとが一致しているか、それとも相違があるか？」と考える（つまり、自社が認識するギブズと顧客が認識するゲッツを比較する）必要がある。

図4-1_ギブズ&ゲッツ分析

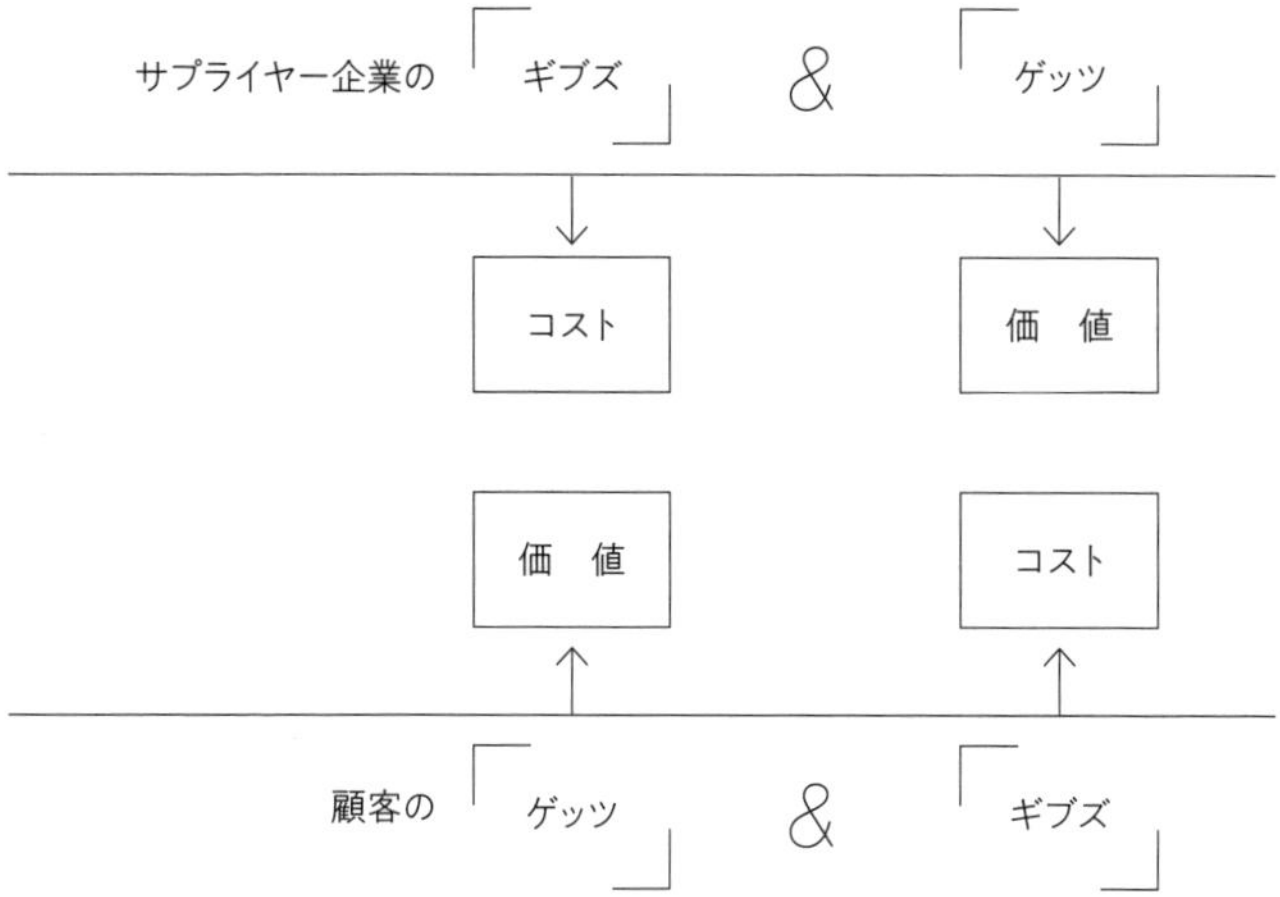

評価方法

1. サプライヤー企業の「ギブズ」=顧客の「ゲッツ」、
   サプライヤー企業の「ゲッツ」=顧客の「ギブズ」、
   というように釣り合いがとれているか?

2. 顧客の「ゲッツ」の価値>顧客の「ギブズ」のコスト、となっているか?
   サプライヤー企業の「ゲッツ」の価値>サプライヤー企業の「ギブズ」のコスト、
   となっているか?

3. 顧客の「ゲッツ」の価値>サプライヤー企業の「ギブズ」のコスト、
   となっているか?
   サプライヤー企業の「ゲッツ」の価値>顧客の「ギブズ」のコスト、
   となっているか?

資料:W.W. Grainger, Inc.より提供

さらにメンバーは、顧客からの提供が求められているギブズのコストよりも、高い価値のゲッツを見つけなければならない。

私たちの経験から、顧客が調査に参加する動機は、次の4つのうちいずれかである。

それは、「少ない資源（低コスト）で自社の事業について深く理解できる」、「ベンチマークを得る良い機会となる」、「新製品やサービスをいち早く利用できる」、「低価格を確保できる」の4つである。調査への参加を促すため、チームは、顧客に提供できる（必要な場合には、継続的に提供する）さらなるインセンティブを検討しなければならない。

次に、チームは、各顧客を担当する営業担当者にコンタクトをとり、調査の目的を説明し、担当者のサポートを得る。顧客のマネジャーの名前や連絡先を担当者から入手し、初回ミーティングへの参加を要請する（初回ミーティングで、マネジャーに調査の目的を説明し、協力を求める）。

会社の規範によって異なるが、当該営業担当者が初回ミーティングに同行することもある（ただし、ミーティングは営業活動ではないため、営業担当者にとってはストレスになるかもしれない）。可能な限り、少なくとも2人のメンバーが顧客企業を訪問する必要がある。

データを集める

初回ミーティングで、メンバーは調査の目的を説明し、調査への参加によって顧客にどのようなメリットがあるかを伝える。

また、価値要素のリストを提示し、その中から類似点と相違点に当てはまるものを明らかにする。相違点に当てはまるのに、うっかり見逃していた価値要素がないかどうか、顧客のマネジャーに尋ねるのだ。そうすることで、すべてをきちんと網羅しているかどうかをチェックできる。そしてメンバーは、仮定した相違点について、「言葉による価値方程式」を紹介する。

メンバーが誠実な態度を示すと、顧客はチームの評価におおむね同意するだろう。ただし、価値要素によっては同意できないものも当然ある。例えば、チームは競合製品との類似点だと考えているのに、顧客は競合製品のほうが優れている相違点だとみなすかもしれない。すると、その価値要素は争点となる。

見解に違いがあることは、決して問題ではない。なぜなら、顧客の調査への参加をさらに促し、争点を解決するために、データを収集することができるからだ。

メンバーは、相違点と争点を見直す。そして、それぞれの相違点と争点を推測するために、顧客がどのようなデータソースを提供できるのか（あるいは、今後作成できるのか）を話し合い、データ収集の時期と必要な資源について検討する。最後に、役に立ちそうな顧客以外のデータソース（業界機関の調査結果など）についても話し合う。

調査を実施する上で、可能な限り、チームは顧客の見解に頼るよりも、データを集めることに努める。顧客がデータの作成や収集に自主的に協力してくれる場合は、その方法をきちんと調べる必要がある。「その方法は信頼できるのか？（方法には一貫性があるか、あるいは時間が経つと変化するか？）」「どのような仮定を立てているか？」など。またできる限り、メンバーはデータの作成や収集に協力しなければならない。状況によっては、顧客企業を再訪する必要もあるかもしれない。

有効な場合や必要な場合には、他のソースを利用して創造的に調査を実施する必要がある。例えば、業界コンサルタント、サプライヤー企業内の知識が豊富な人物、引退した顧客の従業員などに支援を依頼するのもよいだろう。

顧客のリスクを軽減するサービスを提供する場合には、アクチュアリーコンサルタント（訳注・保険数理専門のコンサルタント）に、リスクのコストを試算してもらうこともある。

例えば、クアルコム（訳注・輸送トラック向けに通信機器や半導体を設計・開発している）は、同社のOmniTRACS（訳注・車両動態管理システム）移動通信システムの価値モデルについて幅広い要素を得るため、アメリカトラック協会の調査を利用した。

最後に、メンバーは**価値プレースホルダー**について検討する。価値プレースホルダーとは、顧客にとって役に立つと考えられるが、データの収集が難しい価値要素や社会的要素のことである。

この要素については、顧客の見解に頼らなければならないだろう。「その要素は、定性的にどのような価値があるのか？」「その要素はどのように推測できるのか？」。顧客の見解以外にソースがない場合は、その要素について顧客が認識する価値をもとにして、基準点を明確にする必要がある。

データを分析する

データを収集したら、それを分析して、相違点または争点の金銭的価値を推測する。さらに、相違点と争点それぞれの平均と分散（または標準偏差）を算出する。次に、2つの調査対象区分を比較し、市場の違いによって価値要素の推測がどのように異なるのかを理解する。

その結果を**顧客価値モデル**にまとめ、それぞれの価値要素を金銭に換算した推測値をリストアップする。

結果をより深く理解するには、各要素の差異に関する情報を用いて感度分析を行う。分析では、価値の違いを生み出す特性について考え、その違いによって新たな市場にアプローチできるかどうかを検討する。そして、最も見込みのある顧客を特定する。

最後に、価値プレースホルダーについて考える。「価値プレースホルダーから、どのような見解が得られるか?」「顧客価値評価を踏まえて、価値プレースホルダーをどのように利用するべきか?」。クアルコムは、目に見えにくい抽象的な要素については金銭換算をしていないが、その要素を価値プレースホルダーとして分析している。このようにしてクアルコムは、これらの要素が顧客にとって価値があることを伝え、今後具体的な金額を明らかにする可能性があることを示している。

変革のビジネスケースを作成する

調査によって価値に関する知識が得られたら、顧客に対してどのような変革のアドバイスをするかを検討する。どのような「顧客価値提案」が、対象顧客の心に響くだろうか?

変革のビジネスケースについては、次のポイントを検討しなければならない。

1　顧客価値調査に基づき、具体的にどのような行動を顧客に提案するか?

2 事業の進め方を変えるには、どのようなリソースが必要か？
3 ビジネスケースを実施する上で、どのような問題があるか？
4 変革の進捗状況を示すのに、どのようなマイルストーンを設定できるか？
5 変革のビジネスケースが承認されたら、どのくらいの利益増大が期待できるか？

「具体的に事業の進め方をどのように変えたら、価値提案を実現できるか」という視点から、変革のビジネスケースを作成してほしい。例えば、中核となる製品やサービスの性能を強化する方法を編み出したり、顧客が重視する新たな補完的サービスを提案したりする。

また、変革のビジネスケースによって、販売能力を向上する方法を明確にできるかもしれない。例えば、顧客の要望や優先事項を理解するためにコンサルティングセールス（訳注・顧客の立場で相談に応じながら販売活動をする）を行ったり、優れた価値を提供できるように製品を調整したりできるだろう。

リーダーは、プロジェクトの支援者である経営陣と事業部門のトップにビジネスケースを提示し、積極的な関与を求める。必要なリソースが経営陣から提供されると、明白な成果、特に利益の増大がもたらされるだろう。変革に見合ったリターンが得られなければ、優れた価値を提供する変革を起こす意欲がわかないものだ。

顧客の心に響くように、価値提案を強化する

建築塗装メーカー向けに樹脂を販売している、ある大手樹脂サプライヤー企業の例を紹介しよう。同社の顧客は、塗料の揮発性有機化合物（ＶＯＣ）を削減し、年々厳しくなる環境規制を順守しなければならない、という問題を抱えていた（樹脂は塗料の主成分であり、３〜６割の容量を占める）。そのため塗料メーカーは、ＶＯＣを排出する溶剤の量を大幅に削減する新たな塗料の製造、あるいは溶剤含有量を最小化（またはまったく含まない）した水性塗料を模索していた。ところがどちらの解決策も、生産性の低下につながってしまう（注釈２）。

この問題に対応するため、樹脂サプライヤー企業は、価格は高いが厳しい環境基準を満たし、かつ高い性能を維持した新たなタイプの樹脂を開発した。サプライヤー企業は、その価値提案の中で「新たな樹脂は、価格は高いが、ＶＯＣ基準を満たし、基準を満たしていない従来の樹脂と同程度の性能を維持している」とアピールした。

ところが、その価値提案は、１つの側面にしか注目していなかった。

顧客との交渉で新しい樹脂製品を試用してもらったが、その反応は冷ややかだった。中でも、建築塗料部門のマネジャーは乗り気でなかった。

その理由は、顧客の主な市場である建築塗装業者（顧客の顧客にあたる）が、新たな樹脂を含む高額の塗料に関心を示すとは思えず、売上が期待できなかったからだ。しかも、規制で求められない限り、建設塗装業者は塗料の種類を変えることはないだろう。

新しい樹脂製品の価値提案は魅力的でなく、新たな製品の潜在性を十分にアピールできなかったのである。

困った樹脂サプライヤー企業は、顧客の顧客（建築塗装業者）の要望や優先事項を理解し、新しい樹脂が顧客のコストに及ぼす影響を調べるため、他の側面にも注目して顧客価値調査に乗り出した。また、その顧客（つまり顧客の顧客の顧客であるビルのオーナー）の要望や優先事項にまで、調査範囲を広げた。例えば、建築塗装業者に対してフォーカスグループと実地試験を組み合わせて実施し、3種類の塗料（従来の溶剤ベースの塗料、ＶＯＣを順守する新たな溶剤ベースの塗料、水性塗料）に関するデータを収集した。

さらに、建築塗装業者の主な要望——被覆性、乾燥時間、耐久性など——について調べた。性能との妥協点についても検討してもらい、高性能の塗料製品に高い価格を支払う意思があるかどうかも質問した。

またさらに、サプライヤー企業は、建築塗装業の協会に加入して、塗装の見積もり方法や、塗装業者が使用する見積もりソフトウエアの使い方を学び、新製品の価値提案に関する理解を深めようと努めた。

こういった顧客価値調査から、いくつかのヒントが得られた。中でも、建築塗装業者の全体のコストに塗料が占める割合は15%に過ぎず、大半は人件費であることがわかった。

そこで、生産性が向上する製品を提供したら、価格が高くても購入してもらえるのではないか、と考えた。建築塗装業者は、被覆性が高く(ひと塗りの濃度が高いため、同じ面積でも容量が少なくて済む)、乾燥時間が短い(従来の塗料では8時間以上かかっていたが、4時間以下で済む)製品を求めていた——8時間のシフトで二度塗りできるからだ。

その結果、サプライヤー企業は、新しい樹脂製品は、VOC準拠という価値の他に、顧客の顧客にも優れた価値を提供でき、わずかな調整を加えるだけで、さらに優れた価値を提供できることを発見したのだ。

新製品を利用すると、塗膜が厚くなるため隠蔽力と被覆性に優れ、乾燥時間が短いため4時間以内に二度塗りを始められる。

サプライヤー企業は、1つの側面（VOC準拠）のみに注目した一元的な価値提案を一新し、顧客の心に響く価値提案（VOC準拠は重要ではあるが、メインではない）を検討した。

新しい価値提案は、「新しい樹脂を用いた建築塗料は塗膜が厚く、1回のシフトで二度塗りできるため、生産性が向上し、かつVOC基準も順守している」というものだった。

この価値提案は、塗装メーカーに熱烈に歓迎され、従来製品よりも4割も高い価格で販売することができた。

価値計算機による顧客価値の実証

サプライヤー企業は、自社製品を利用すると、どのようなコスト削減または付加価値が得られるか、見込み客を事前に説得する必要がある。

GEのインフラストラクチャー部門のウォーター・アンド・プロセス・テクノロジー事業部（W&PT）やSKFのように、BtoB市場で価値ベースの手法を採っている企業は、自社の製品やサービスの価値を、**価値計算機**（Value Calculators）によって事前に実証している。

価値計算機は、スプレッドシートのソフトウエアである。そのため、営業担当者や価値提案の専門家は、コンサルティングセールスの場面でノートパソコンを用いて、自社製品の導入によって顧客が得られる価値を実証することができる。

オランダを拠点とする経営コンサルティング会社オレンジ・オルカB.V.は、クライアントの経営方針を一新し、業績を大幅に改善した（注釈3）。

クライアントが対象顧客に対して自社製品の優れた価値を実証できるように、価値計算機の作成をサポートしたのだ。価値計算機の例については、図4－2を参照していただきたい。全体の計算結果画面（顧客価値モデル）と、クライアントの新しいポリマー（InnoPackaging と European Petrochemical Company は仮名）の相違点に関する画面を紹介している。

価値計算機を使用して、クライアントの営業担当者は、ポリマーの優れた価値を実証することができた。その結果、Transplast ポリマー（製品名）を、より高い価格で契約を結ぶことができた。

また、ロックウェル・オートメーションでは、価値計算機を使用して、営業担当者が競争優位に立つことができた（注釈4）。

同社の営業担当者、ジェフ・ポリチッチオは、ある調味料のメーカーから、主要工場の「継続的な改善会議」に急遽参加することを求められた。

ウォルマートが調味料の価格を下げたため、このメーカーは、現行のサプライヤー企業と競合企業をミーティングに呼び、操業コストを大幅に削減する方法を検討することにしたのだ。ポリチッチオとライバル社の営業担当者は、工場を訪問して従業員と話し合いの場を持った。

工場従業員との話し合いから、ポリチッチオは、繰り返し発生する主な問題の原因は、32基の巨大な調味料保存タンクのポンプ能力の低下による生産低下と中断時間にあることがすぐにわかった。

そこで、双方向プログラムであるロックウェルのＴＣＯ（総保有コスト・Total Cost of Ownership）ツールボックスを使用して、ポンプに関するデータを収集するために、徹底的な質問リストを作成した。ポリチッチオは、工場のエンジニア、メンテナンス責任者、購買責任者に徹底したインタビューを行って関連コストと使用データを収集し、それをＴＣＯツールボックスに入力した。

データの評価に基づき、リライアンス・エレクトリック社のＸＥモーター、ドッジ・カンティス社のギア減速機、リライアンス・エレクトリック社の可変周波数ドライブを採り入れて、「ポンプソリューション」（業界では「スクリュードライブ」と呼ばれる）を作成することができた。

翌日、ポリチッチオとライバル社の営業担当者たちは再び工場に呼ばれ、1時間後に経営陣に対してソリューションの提案をするように依頼された。

ポリチッチオはＴＣＯツールボックスを使用して価値評価レポートを作成し、価値提案を考案し、プ

Transplastの価値計算機:1つ目の価値要素の計算画面

価値計算機

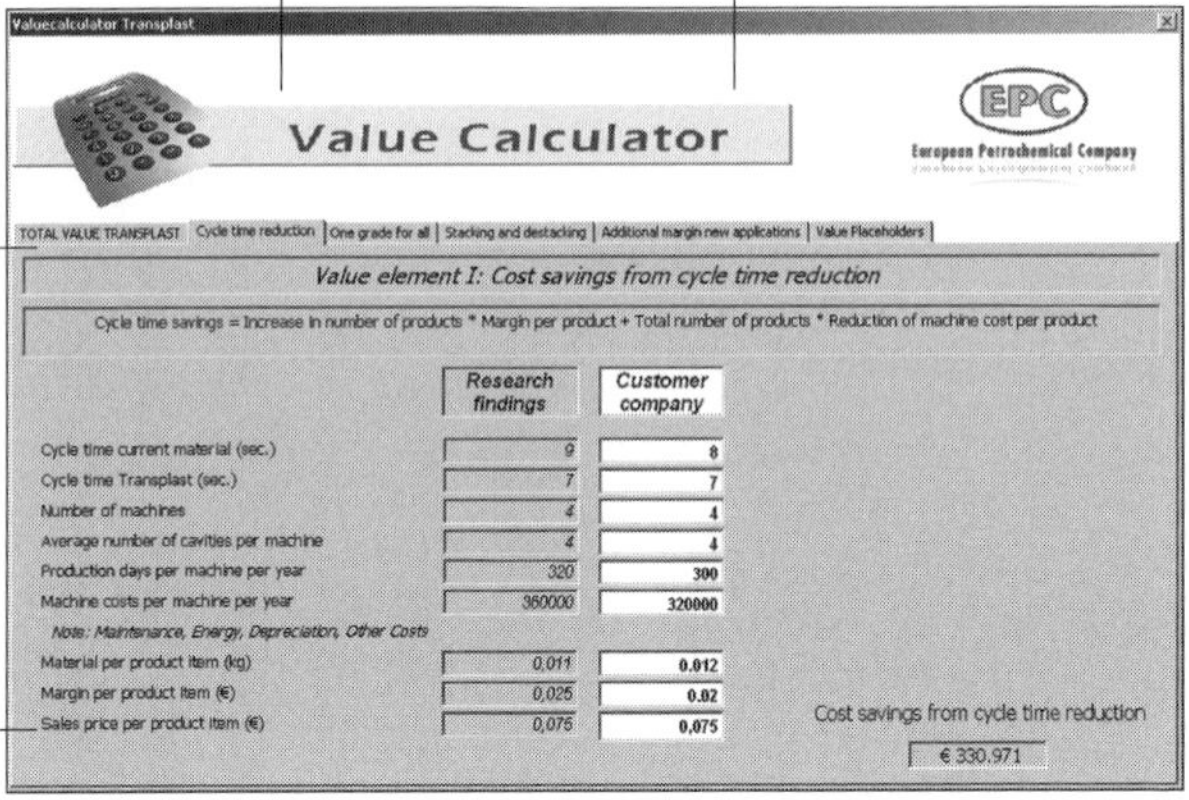

価値要素I　サイクルタイムの短縮によるコスト削減

総節約額=増えた製品数×製品あたりの利益+製品数合計×製品あたりの機械費削減

	リサーチ結果	お客様の入力	
現行のサイクルタイム(秒)	9	8	
Transplastのサイクルタイム(秒)	7	7	
機械の数	4	4	
機械1台あたりの平均製造数	4	4	
機械1台あたりの年間製造日	320	300	
機械1台あたりの年間機械費	360000	320000	
(注:保守点検、エネルギー、減価償却などの費用を含む)			
製品あたりの原材料(kg)	0.011	0.012	サイクルタイムの短縮によるコスト削減
製品あたりの利益(ユーロ)	0.025	0.02	
製品あたりの販売価格(ユーロ)	0.075	0.075	330.97ユーロ

資料:オレンジ・オルカB.V.より提供

図4-2_Transplastの価値計算機:全体の計算結果画面

価値計算機

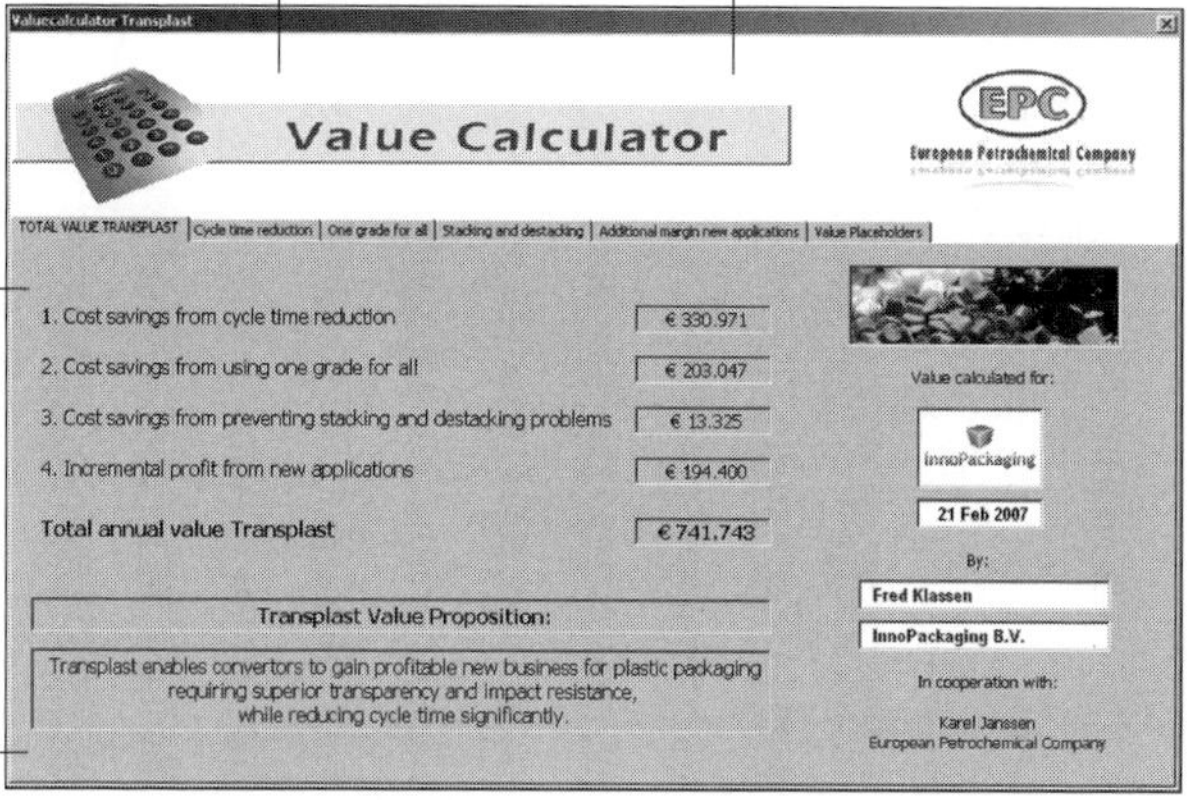

1. サイクルタイムの短縮によるコスト削減	330.971ユーロ
2. 1つのグレードですべてに対応するコスト削減	203.047ユーロ
3. 積み下ろし問題の回避によるコスト削減	13.325ユーロ
4. 新しいアプリケーションによる利益増大	194.400ユーロ
Transplast の年間価値合計	741.743ユーロ

Transplast価値提案
Transplast を使用すると、高い透明性と耐衝撃性が必要な梱包材の新たなビジネス機会が得られると同時に、サイクルタイムを大幅に削減することができます。

レゼンテーションのスライドを作成した。価値評価ツールを使用して具体的なコスト削減を実証したのは、ポリチッチオだけだった。ライバル社の担当者は、製品（ソリューション）のメリットについてあいまいな提案をするにとどまった。

ポリチッチオは「ロックウェル・オートメーションのポンプソリューションを利用すると、中断時間をなくし、調達に伴う管理費を削減し、修理部品のコストを削減して、ポンプ32基について1基あたり最低1万6268ドル節約できる」という価値提案を作成した。

工場責任者はポリチッチオの価値提案に関心を持ち、試験的にポンプソリューションを1つ購入した。顧客は、期待したよりも性能が優れていることを認め、摩耗している残りのポンプについても、同社のソリューションを注文した。

比較テストによる顧客価値の実証

ベストプラクティス企業は、自社製品と競合製品を比較し、その優れた価値を実証するためならば、どのような労力もいとわない。見込み客は製品の比較テストに大いに関心を示すことがわかっているため、ベストプラクティス企業は率先して比較を行うのだ。アクゾノーベルとタレス・ネーデルランドの例を見ていこう。

アクゾノーベルの高分子化学事業部は、化合物半導体ウエハーの生産に使われる高純度金属有機物（ＨＰＭＯ）の性能に関する情報を収集するため、ある見込み客の製造炉で2週間にわたって試用してもらった――しかも、お金を支払って試用してもらった。というのも、毎日試用すると装置の出力やメンテナンスなどのコストが発生するからだ。

同社のＨＰＭＯ製品（Epiproof）は「研究開発の反応炉から製造炉に至るまで、大規模に利用できる」ことをアピールし、コスト削減の見積もりを提示するというありきたりのアプローチではなく、実際の製造機器からデータを入手し、競合製品を利用して現在製造しているウエハーと品質面で遜色ない（あるいはそれより優れている）ことを示す明白な証拠を見つけた。

見込み客の顧客（ウエハーから化合物半導体を製造する企業）にこのデータを検証してもらうため、アクゾノーベルは、製造したウエハーを持ち込んで試用してもらった。

その結果、1つの類似点（品質）と2つの相違点（エネルギーコストとメンテナンスコストの大幅削減）を掲げて、顧客の心に響く価値を提案することができた。

また、防衛用電子装置や軍事用レーダーシステムを各国政府に提供しているタレス・ネーデルランドは、自社製品の優れた価値を実証するため、現場での比較テストを行っている。十分な対策と設備を備えたクライアントであるオランダ海軍は、比較テストのリファレンス顧客として協力している。

提供した顧客価値の文書化

優れた価値を実証するのは重要なことだが、それだけでは十分とは言えない。サプライヤー企業は、自社製品が実現したコスト削減と利益増大を文書化しなければならない。そのため、顧客と協力してコスト削減や利益増大を追跡する評価基準を定義し、一定期間後に顧客のマネジャーと協力して結果を文書化する。

サプライヤー企業は、**価値ドキュメンター**（Value Documenters）と呼ばれるツールを使用して、顧客価値モデルをさらに改善し、**価値の成功事例**（Value Case Histories）を作成する。そして、コスト削減と利益増大の功績を顧客のマネジャーに譲り、価値実証の信頼性を高めることができる（後日、価値を文書化することを顧客に伝えておくと、価値実証の信ぴょう性が高くなる）。

価値ドキュメンターは、図4－2で紹介した価値計算機の拡張機能である。「実証した価値」の次の列に、「実現した価値」の列を追加し（図4－2の「Customer company（お客様の入力）」の列に相当する）、実証した価値と実際に提供した価値を比較できる。

価値の成功事例も価値ベースのツールであり、オランダのナイドラ・グループやアプライド・インダストリアル・テクノロジーズもこれを活用している。前述のように、価値の成功事例とは、自社の製品やサービスを利用することで、リファレンス顧客（訳注・製品やサービスを使用して、その良さを広めてくれる顧客）が享受したコスト削減または付加価値を文書で詳述したものである。

クエーカー・ケミカルによる文書化の事例

クエーカー・ケミカルは、実現したコスト削減を文書化し、それを価値提案のプロセスに組み入れている。同社ウェブサイトには、「当社では、『価値提案』とは、優れた製品を提供し、プロセスやテクノロジーに関する知識を利用し、提案の金銭的価値を実証する一連の販売活動であると考えています。多くのお客様をサポートさせていただいた経験から、このアプローチが、みなさまにとって役に立つことを証明できます」と記されている。

熱間圧延（訳注・金属を高温に加熱して行う圧延加工）を行うある企業は、鋼板の表面品質の改善、装置の耐用年数の延長、電力の節約、生産性の向上を模索していた。そこでクエーカー・ケミカルは、まったく新しいロールバイト部の潤滑システムを提供・実施した（塗布装置、制御装置、潤滑油、毎週のメンテナンスなども提供した）。

その結果、顧客の総コストは、年間35万ドルを下回った。このシステムが実現したコスト削減は、初年度だけで１５０万ドルを超え、クエーカー・ケミカルのアプローチの有効性が証明された。

また、自動車用鋼板のある主要メーカーは、洗浄剤と冷間圧延油（訳注・金属を加熱せずに行う圧延加工で使用する潤滑油）のコストを削減し、製品品質の向上を図ろうとした。

クエーカー・ケミカルは、プロセスを熟知していたため、加工剤、水、廃棄物処理剤の使用量を削減する方法を考えた。そこで、クエーカー・ケミカルのソリューション技術者とプログラムマネジャーで構成される現場チームが、24時間体制で管理するソリューション管理プログラムを提案した。この提案により、３年契約で顧客が支払う金額は１２０万ドルだったが、文書化された運営費の節約は３８０万ドルになった。

「文書化」することで、サプライヤー企業の製品やサービスを利用することで得られるコスト削減、付加価値、利益増大について、顧客のマネジャーが進んで承認し、署名しやすくなる。つまり、サプライヤー企業がメリットをアピールするだけでなく、顧客もそのメリットを確認するのだ。これは、価値提案を具体化する素晴らしい方法である。

グレンジャーとその顧客による価値ベネフィットの実証・文書化の事例

急成長を遂げている製薬メーカーのファーマ・ラボ（仮名）の最大規模の工場――380人の従業員を擁する――の購買マネジャーは、整備・修理・操業（MRO）用品の購入と在庫管理をアウトソーシングするかどうかを検討していた。

定期的に工場を訪問しているグレンジャーのマネジャーはその考えを知り、工場操業担当役員、購買マネジャー、整備マネジャーと半日に及ぶミーティングを行った。グレンジャー・コンサルティング・サービス（GCS）の2人のマネジャーにも参加を要請し、GCSがどのようにサポートできるかについても考えてもらった。

ミーティング後、GCSは「ベースライン評価」を実施することを提案した。具体的には、MRO用品の管理に伴う総コストを文書化するのだ。評価後に、運営改善に関するいくつかの戦略をファーマ・ラボのマネジャーに推奨する。加えて、評価と戦略策定には約6週間を要し、その費用は4万5000ドルであると伝えた。ファーマ・ラボの経営陣は、その申し入れを承認した。

まずGCSは、コンサルティングマネジャー、コンサルタント、ビジネスアナリストからなるケース・チームを立ち上げた。一方、ファーマ・ラボは、運営委員会とプロジェクト・チームを立ち上げた。関連する部門――整備、購買、製造、在庫管理、経営情報システム、財務など――の責任者で構成される運営委員会は、プロジェクトの監視と戦略策定の責任を負う。そして、運営委員会の各部門の代表者で構成されるプロジェクト・チームは、GCSのケース・チームと協力してプロジェクトを進めることに責任を負う。

GCSでは、通常、4つの主要分野について、顧客価値モデルの要素を見つける。その分野とは、プロセス（必要な品目の決定から請求書の支払いまで）、製品（製品の価格、利用方法、ブランド標準化、用途）、在庫（在庫価値、在庫維持費）、サプライヤー（サプライヤー企業の実績、サプライヤー企業の絞り込み、付加価値サービス）である。

これらに基づき、GCSは、価値とコスト削減に影響を及ぼす要素（貨物・運送料金、残業代など）を定義し、要素の評価基準（注文1件あたりの購買コスト、サプライヤー数、在庫の精度など）を明らかにした。そして、データを収集して分析し、成果の評価指標を明らかにした。ファーマ・ラボは、成果の評価指標として、購入費、サプライヤー数、取引量を定めた。

ベースライン評価で、GCSは、過去のプロジェクトの成果を蓄積したデータベースを利用して、プロセスマッピングと活動基準原価計算による顧客価値モデルを構築した。

また、ファーマ・ラボのプロジェクトに活動基準原価計算の手法を導入し、購買、整備、入荷、支払いといった、主な機能部門の調達コストを明らかにした。これらのコストは、GCSのデータベースから推測したコストとほぼ一致していた。

分析の際には、可能な限り顧客のデジタルデータを使用するのが、GCSの方針である（通常は、1年分のデータを入手するようにしている）。プロジェクトの初めの段階で顧客を訪問し、どのようなデータがあるかを調べて、その正確性と完全性を明らかにするのだ。

ファーマ・ラボのプロジェクトでは、購入と支払いに関する2年分のデータと調達カードの6カ月分のデータを分析した。これらのデータによって、ファーマ・ラボが複数のサプライヤー企業から定期購入している製品の種類を絞り込むことができる、という見通しが得られた。

さらに、価格の引き下げと付加価値サービスの提供を受けるという条件と引き換えに、サプライヤー企業を絞り込む、というアイデアもファーマ・ラボに提案した。

GCSでの過去のプロジェクトと同様、ファーマ・ラボのプロジェクトでも、請求書の分析（実際に過去の請求書に目を通して、役に立ちそうなデータを集める）を行い、デジタルデータとの整合性を確認し、可能であれば個別の製品に関する詳しい情報を収集する必要があった。

「詳しい」情報という点では、顧客のデータだけでは十分とは言えない。しかも、顧客のシステムは、購入や発注に関する集計データしかなく、総支払い額しかわからない、というケースが多い。また、請求書に書かれている製品の記述が正確でないこともあるため、実際に何を購入したのかを特定するのが難しく、作業がさらに複雑になる。

ＧＣＳのケース・チームが在庫の分析を行ったところ、ファーマ・ラボが手元の在庫量やその使用について記録を残していないことがわかった。また、在庫率がきわめて高かった――１００万ドルを超える在庫を抱えていることがわかった――が、同社システムではこのような状況を追跡・管理する機能を備えていなかった。

ＧＣＳのケース・チームは、ファーマ・ラボのプロジェクト・チームにインタビューを行い、分析をさらに強化しようとした。

インタビューでは、ＧＣＳは分析によって明らかになった事実を伝え、見落としていることがあればそれを見つけ、改善が可能な分野に関係するファーマ・ラボのマネジャーの意見に耳を傾けた。

一連のインタビューは非常に有意義であり、ＧＣＳとファーマ・ラボのマネジャーは調達について重要な事実を得ることができた。実は、ファーマ・ラボの技術者たちが、調達プロセスで重要な役割を果たしていたのだ――彼らが定期購入を担当し、すべての取引について詳細な記録を手書きで残し、製品を受領して在庫として保管し、それを管理していたのだ。

ＧＣＳの価値モデルによると、ファーマ・ラボは、購入コストの約30％（正社員３人分の給与に相当する）を費やして、技術者たちに在庫管理をさせていた。彼らを、購買の仕事から、より付加価値の高い本来の職務に戻す必要があった。

最終的に、ファーマ・ラボは、新しいサプライヤー企業と取引契約を結び、それと引き換えに、購買を管理する要員を１名派遣してもらうことができた。

ベースライン評価の終了後、ＧＣＳは6～12カ月で実施できる改善点を明らかにしようとした。さらに、顧客と協力して、ＭＲＯ用品を管理する戦略の変更も検討した。

ＧＣＳは、ファーマ・ラボがＭＲＯ関連にかけていた年間コスト（購入や管理のコストを含む）６１０万ドルのうち、少なくとも32万７０００ドルを削減できると判断した。この見積もりは、サプライヤー企業の絞り込みと製品関連支出の削減（16万５０００ドル）、在庫削減（７万２０００ドル）、購買プロセスの改善（9万ドル）から算出した。

例えば、ＧＣＳは、ＭＲＯ用品の購入先を大幅に見直すように提案し、ファーマ・ラボは、グレンジャーと全国的な購入契約を結んだ。それと引き換えに、グレンジャーは、自社の従業員をファーマ・ラボに派遣して購入と在庫管理にあたらせた。

その結果、ＭＲＯ用品の購入にすべての時間を費やしていたファーマ・ラボの技術者たちは、付加価値を生み出す本来の任務に戻ることができた。

グレンジャーとファーマ・ラボは、最終的にどのような成果をあげたのだろうか？

ＧＣＳとファーマ・ラボの共同プロジェクトから1年後、コスト削減の実績について共同調査したところ、ファーマ・ラボは最初の６カ月で38万７０００ドルも削減していたことがわかった。それだけでなく、1年を通して、グレンジャーからファーマ・ラボへの売上は7倍（5万ドルから35万ドル）も増大したのだ。

翌年には、グレンジャーの売上は、ほぼ倍の65万ドルにまでになった。明らかに、顧客価値を深く理解したことで、両社にとって大きな利益を生み出すことができたのである（注釈５）。

第5章

顧客に合った製品やサービス

ネイキッド・ソリューションにオプションを付加する

ＢｔｏＢ市場のサプライヤー企業の多くが、自社の事業目的は「汎用的な製品やサービスを販売することだ」と認識している。ただし、このような結論を下すのは、短絡的で時期尚早であり、誤った認識であることが多い。

法人顧客に提供する中核製品やサービスについて、あまりに狭い視野で考えているのだ。確かに、鋼板、信用状、化学薬品などの製品は、他社とほぼ同じ、いやまったく同じかもしれない。それでも、顧客が購入するのは、中核製品や中核サービスだけではない。

しかも多くのサプライヤー企業は、顧客価値調査など、私たちが提唱している組織的なアプローチを通して、「競合製品とどのように異なるのか」「その違いが顧客にどのようなメリットをもたらすのか」「一部の顧客だけが高く評価している製品に、どのように手を加えたらよいのか」といったテーマを調べることを怠っている（注釈１）。

他社の中核製品（または中核サービス）で代用可能かもしれないが、サプライヤー企業は、さまざまな補助的なサービス、プログラム、システムによって中核製品を強化し、顧客に付加価値を提供することができる。

こういった補助的なサービス、プログラム、システムは、ＢｔｏＢ市場はもとより、サプライヤー企業でもその重要性が高まっている（後述の「補助的なサービス、プログラム、システムの例」を参照。

簡潔に説明するため、本文中ではこれらを「補助的サービス」または「サービス」と総称することにする)。

そのためサプライヤー企業は、自社の事業目的は汎用的な製品やサービスを販売することだと結論付ける前に、自社の補助的サービスと競合サービスの相違点を入念に調べ、顧客がこれらのサービスから得られる価値を推測する必要がある。

残念なことに、ＢｔｏＢ市場では、補助的サービスと中核製品をセットで提供するのが一般的である。そのため顧客は、中核製品を購入したら補助的サービスも無料で手に入り、しかも無限に消費できる、と考えがちだ。

要するに、(1)補助的サービスが顧客にもたらす価値、(2)補助的サービスを高く評価する顧客と評価しない顧客の違い、(3)補助的サービスによって差別化を図る方法について、十分な分析が行われていないのが現状だ。

本章では、製品、サービス、プログラム、システムをそれぞれの顧客に合わせて構成し、対象となる市場や顧客に最大の価値をもたらす戦略について検討していく。

このような戦略を立てることで、サプライヤー企業は「バリューマーチャント(価値の提案者)」となり、顧客が進んでお金を払いたくなる差別化製品を提供することができる。顧客に合った製品やサービスを作るには、**ネイキッド・ソリューション**（訳注・すべての対象顧客が求める最小限のサービス要素）にオプションを付加して提供し、ターゲットを絞り込み、製品に柔軟性を持たせる必要がある。

オプションを付加して提供する

シニアマネジャーは、まず、市場区分がどれほど細かくても、同じ市場でも顧客によって製品やサービスの要望が異なることを理解しておかなければならない。つまり、同じ市場の顧客については、要望や優先事項の多くは基本的にほぼ同じだが、中には異なる点もある、ということを認識しておく必要がある。

このわずかな相違点を無視すると、厳しい結果が待ち受けている。一方で、この相違点を優位に生かすと、製品に柔軟性を持たせることができる。

柔軟な製品やサービスは、最小限のネイキッド・ソリューションと、各市場区分に合ったオプションとで構成されている。ネイキッド・ソリューションとは、ある市場区分のすべての顧客がその価値を認める必要最小限の製品やサービスのことである。ネイキッド・ソリューションを提供する企業は、最低価格で最小限の製品を求める顧客に対して価格競争力を持つ。

さらに、それぞれのネイキッド・ソリューションに、厳選された**オプション**を付加することもできる。オプションとは、製品やサービスを拡大・強化するもので、市場区分内の一部の顧客がその価値を認めるものである。そのため、オプション獲得のためにお金を払いたいと思う顧客ごとに、個別にオプションを提供する。

かつてサプライヤー企業は、顧客ごとに違いがあることを認めず（あるいは、その違いに気づかず）、市場区分内の平均的な顧客のニーズに見合った製品やサービスをまとめて提供していた。さらに悪いことに、多くのサプライヤー企業が、すべての市場区分に対して、基本的に同じで平凡な製品を提供していた。

そのためＢｔｏＢ市場では、多数のサプライヤー企業が市場を区分し、それぞれの区分に対して（まったく同じとは言わないまでも）、似通った製品を提供し続けている。ある大手製薬メーカーのマーケティングマネジャーは、「お客様の９割に対して、基本的に同じ補助的サービスを組み合わせて提供している」と述べている（注釈２）。

その結果、「不要なサービスに料金を払わされている」と感じる顧客もいれば、「高い料金を支払っているのに、必要なサービスを十分に受けられていない」と感じる顧客もいる。

また、すべての顧客に標準的な一括サービスを提供すると、多数の顧客が一握りの顧客を支援するという構図になってしまう。

例えば、あるサプライヤー企業が行った顧客収益性についての分析では、最も収益性の高い20％の顧客はサプライヤー企業の収益の225％を占め、次に収益性の高い70％の顧客は収支ゼロで、残りの10％の顧客は125％の損失を生じさせていることがわかった。

なぜ、このようなことが起こるのだろうか？（注釈3）

最も収益性の高い顧客は、価格交渉においてあまり影響力を持たず、サプライヤー企業の「無料の」補助的サービスもほとんど利用しない。このような顧客は比較的高額を支払い、サービスにもコストがあまりかからないため、サプライヤー企業にとって収益性の高い顧客となる。

一方、サプライヤー企業に赤字をもたらす顧客は、低価格を強要し、補助的サービスの大半を消費してしまう大口顧客である。

このような顧客間の「相互補助」が生じると、それに気づいた企業は、遅かれ早かれ、収益性の高い顧客に的を絞った戦略を立てるようになる。収益性の高い顧客を横取りされると、採算の合わない大口顧客だけが残され、最終的に暗黙の不公平を余儀なくされる。

その結果、補助的サービスを利用していない顧客層が、補助的サービスを過剰消費する顧客層の分までお金を払う、という悪習慣を引き起こす。さらに、サプライヤー企業は、必要なサービスにはお金を払うことを惜しまない顧客に対して、高額を提示したり、高いレベルのサービスを提供したりできてしまう。

サプライヤー企業は、顧客区分ごとに中核製品や中核サービスに多少の変化をつけて提供することはあっても、顧客区分ごとに異なる補助的サービスを提供することはほとんどない。

補助的なサービス、プログラム、システムの例

サービス

フルフィルメント……在庫の確保、臨時配送、設置サービス、研修・教育、メンテナンス、廃棄・リサイクル

技術サポート……仕様・明細、検査・分析、トラブルシューティング、問題解決、較正、生産性向上

プログラム

経済的サポート……契約条件、割引・値引き・払い戻し・特典、保証、コスト削減の保証

関係構築……アドバイスやコンサルティング、設計、プロセス・エンジニアリング、製品やプロセスの再設計、コストやパフォーマンスの分析、共同市場調査、共同マーケティング、共同プロモーション

システム

連携……受注管理イントラネット、自動補充、ベンダー主導型在庫管理、企業資源計画（ＥＲＰ）、整備保全管理システム

効率性……情報・設計補助イントラネット、エキスパートシステム、統合物流管理、資産管理、反応性システム

対象を絞る

先進的なサプライヤー企業は、顧客の要望や優先事項、製品に対する評価が異なることを深く理解するために、きめの細かい市場細分化を行う。

業界や顧客の規模など、一般的な基準に従って細分化を行うのは、手始めとしては有効かもしれないが、対象を十分に絞り込むことはできない。そこで、製品の用途、顧客の能力、使用状況、収益への顧客の貢献度など、一歩踏み込んだ基準を利用して細分化を行い、最も重要な顧客区分（さらには細区分）に的を絞る。

製品やサービスに柔軟性があると、顧客は要望や優先事項に合わせて製品やサービスを調整できるため、サプライヤー企業は市場区分内の微妙な相違点を生かして利益を得ることができる。

顧客は、自社にとって最も価値があり、サプライヤー企業に収益をもたらす戦略を選ぶ。これがターゲティング（訳注・対象の絞り込み）の最終的な目標である。

図５－１は、ＫＬＭオランダ航空の事業部門であるＫＬＭカーゴが提供する、柔軟性のあるサービスの例を紹介している。基本的なサービスと、ワンランクアップしたオプションのサービスを提供するこ

とで、ＫＬＭカーゴは、それぞれの要望に合ったサービスレベルを顧客に選ばせている。その結果、顧客はより多くの業務で、ＫＬＭカーゴを利用するようになった（注釈４）。

また、先進的なサプライヤー企業は、対象となる市場区分の中に、異なる方法で製品やサービスを利用したいと考えている細区分が存在することを認識している。よく見られる例として、取引を主体として製品やサービスを利用するか、あるいは協働しながら製品やサービスを利用するか、顧客によって嗜好が異なることがある。

取引ベースと協働ベースの違い

取引ベースの顧客は、複数のサプライヤー企業を比べて値下げを交渉し、業者と一定の距離を置くことを好む。これに対して**協働ベースの顧客**は、サプライヤー企業の数を最小限に絞り、明白なコスト削減や付加価値を得ようとする。ただし、別のサプライヤー企業からコスト削減を提示された場合には、業者の変更を検討する。

先進的なサプライヤー企業は、企業との距離の取り方が顧客ごとに違うことを認識し、柔軟性のある製品やサービスを提供して対応している。

例えば、バクスター・ヘルスケアでは、２つの顧客区分（いずれも医療関係者）に対して、それぞれ

図5-1_KLMカーゴの柔軟性のあるサービス

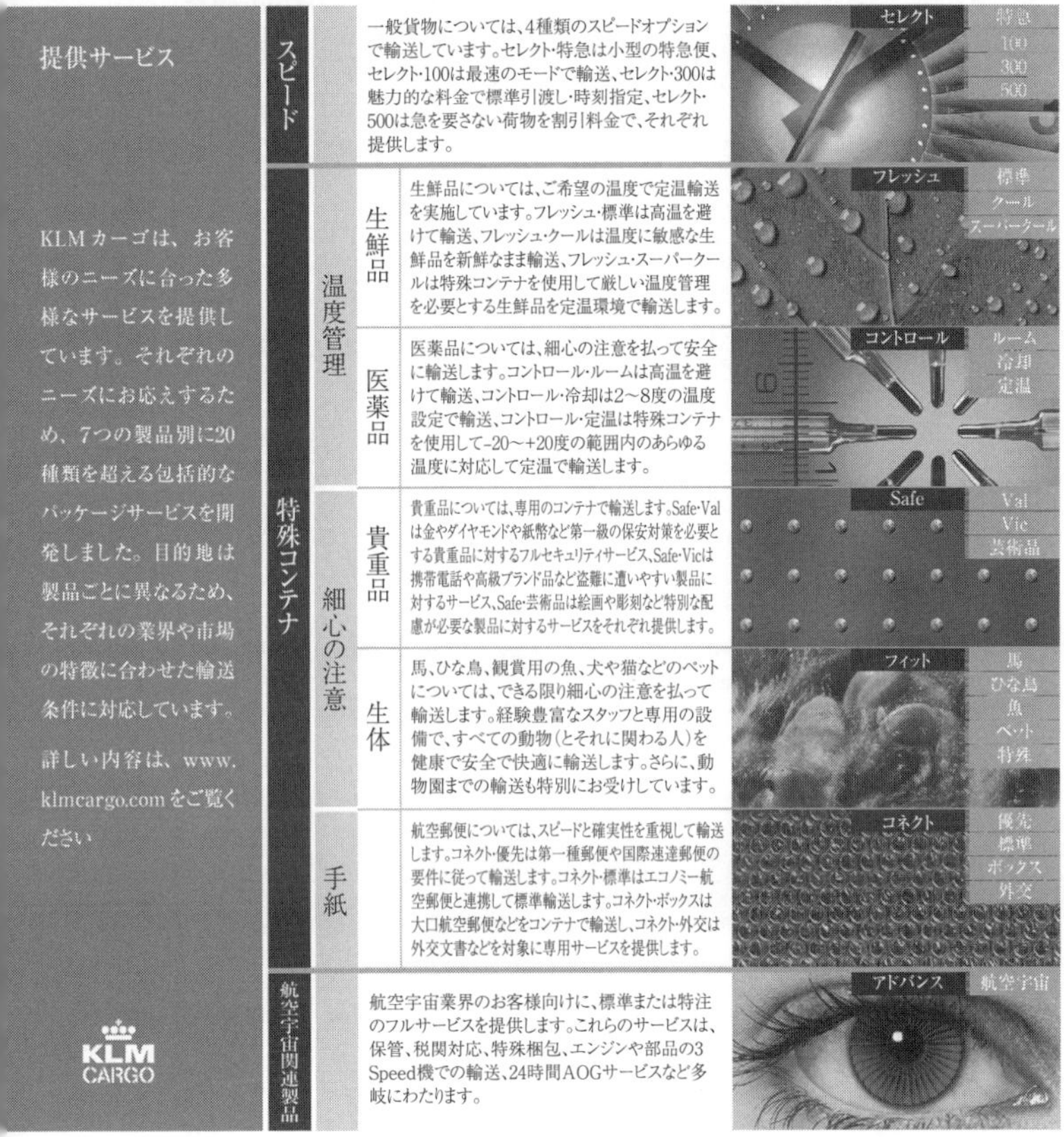

提供サービス

KLMカーゴは、お客様のニーズに合った多様なサービスを提供しています。それぞれのニーズにお応えするため、7つの製品別に20種類を超える包括的なパッケージサービスを開発しました。目的地は製品ごとに異なるため、それぞれの業界や市場の特徴に合わせた輸送条件に対応しています。

詳しい内容は、www.klmcargo.com をご覧ください

KLM CARGO

スピード			一般貨物については、4種類のスピードオプションで輸送しています。セレクト・特急は小型の特急便、セレクト・100は最速のモードで輸送、セレクト・300は魅力的な料金で標準引渡し・時刻指定、セレクト・500は急を要さない荷物を割引料金で、それぞれ提供します。	セレクト：特急／100／300／500
特殊コンテナ	温度管理	生鮮品	生鮮品については、ご希望の温度で定温輸送を実施しています。フレッシュ・標準は高温を避けて輸送、フレッシュ・クールは温度に敏感な生鮮品を新鮮なまま輸送、フレッシュ・スーパークールは特殊コンテナを使用して厳しい温度管理を必要とする生鮮品を定温環境で輸送します。	フレッシュ：標準／クール／スーパークール
		医薬品	医薬品については、細心の注意を払って安全に輸送します。コントロール・ルームは高温を避けて輸送、コントロール・冷却は2〜8度の温度設定で輸送、コントロール・定温は特殊コンテナを使用して−20〜+20度の範囲内のあらゆる温度に対応して定温で輸送します。	コントロール：ルーム／冷却／定温
	細心の注意	貴重品	貴重品については、専用のコンテナで輸送します。Safe・Valは金やダイヤモンドや紙幣など第一級の保安対策を必要とする貴重品に対するフルセキュリティサービス、Safe・Vicは携帯電話や高級ブランド品など盗難に遭いやすい製品に対するサービス、Safe・芸術品は絵画や彫刻など特別な配慮が必要な製品に対するサービスをそれぞれ提供します。	Safe：Val／Vic／芸術品
		生体	馬、ひな鳥、観賞用の魚、犬や猫などのペットについては、できる限り細心の注意を払って輸送します。経験豊富なスタッフと専用の設備で、すべての動物（とそれに関わる人）を健康で安全で快適に輸送します。さらに、動物園までの輸送も特別にお受けしています。	フィット：馬／ひな鳥／魚／ペット／特殊
	手紙		航空郵便については、スピードと確実性を重視して輸送します。コネクト・優先は第一種郵便や国際速達郵便の要件に従って輸送します。コネクト・標準はエコノミー航空郵便と連携して標準輸送します。コネクト・ボックスは大口航空郵便などをコンテナで輸送し、コネクト・外交は外交文書などを対象に専用サービスを提供します。	コネクト：優先／標準／ボックス／外交
航空宇宙関連製品			航空宇宙業界のお客様向けに、標準または特注のフルサービスを提供します。これらのサービスは、保管、税関対応、特殊梱包、エンジンや部品の3 Speed機での輸送、24時間AOGサービスなど多岐にわたります。	アドバンス：航空宇宙

資料:KLMカーゴより提供

異なる製品やサービスを提供している。注文ごとにバクスターと取引をする顧客と、バクスターと密接な関係を築く戦略的な顧客を明確に分けている（表5－1）。

バクスターは、サービス、プログラム、システムのレベルに合わせて、戦略的な顧客の要望を満たして、その医療サービスと財務実績の拡大に貢献できるように、異なる製品やサービスを提供している。バクスター・コンサルティングなど、個別に料金が発生するオプションのプログラムも、戦略的な顧客に対してコストを大幅に上回る付加価値やコスト削減を提供している（注釈5）。

補助的サービスを管理する

バクスターのように、製品やサービスを明確に分類・管理している企業は珍しい。市場内で自社が提供しているサービス、プログラム、システムに対するマネジャーの理解は、部分的でむらがあるだけでなく、その理解が誤っていることが多い。

そのため、各市場区分にどのような製品を提供するかを判断する組織的なプロセスに、顧客と接するすべての部門のマネジャーが関与しなければならない。マネジャーたちはミーティングを開き、ファシリテーターは自社が提供するさまざまなサービス、プログラム、システムをマネジャーたちに挙げさせ（前述の「補助的なサービス、プログラム、システムの例」を参照）、それぞれの要素について「実際に

表5-1_2つの顧客区分(取引ベースの顧客と戦略的な顧客)に対するバクスターのサービス

サービス要素	顧客区分	
サービス	**取引ベースの顧客**	**戦略的な顧客**
返品	標準	標準
技術サポート	標準	標準
専用窓口	提供しない	標準
疾病発生の予測	提供しない	オプション
プログラム		
価格交渉	標準	標準
報酬(インセンティブ)	提供しない	標準
経営アドバイス	提供しない	標準
連結購入報告書	提供しない	標準
早期利用プログラム	提供しない	オプション
バクスター・コンサルティング	提供しない	オプション
システム		
至急注文システム	標準	標準
コムディスコの技術サポート	提供しない	標準
ValueLinkによる在庫管理	オプション	オプション
コムディスコの資産管理	オプション	オプション

資料:James C. Anderson and James A. Narus, Business Market Management 2nd ed., ©2004, 186. ピアソンエデュケーション(Upper Saddle River, NJ)

このようなサービスを創造しているか?」と質問する。さらにフォローアップとして、ファシリテーターは、「実際に、このようなサービスを顧客に提供しているか?」と質問する。

補助的サービスを検証してみると、標準サービスとして提供価格に含まれているものもあれば、オプションとして提供して顧客が個別に支払うものもあり、社内で一貫性がないことがわかる。

シニアマネジャーは、社内で合意した戦略とかけ離れたサービスやその場しのぎのサービスが現場で提供されていることに驚かされるだろう。さらに、年度末になると、ノルマを達成するために、営業担当者がオプションのサービスを無料で提供していることに気づくだろう。

このような営業担当者の行動は、標準のサービスとオプションのサービスに対する顧客の期待をあいまいにしてしまう。また(おそらく、誰にコンタクトをとったら特別に配慮してくれるかを知っているため)料金の支払いを回避する裏技に精通している顧客もいるだろう(注釈6)。

補助的サービスの価値とコストを理解する

サプライヤー企業のマネジャーは、各市場区分に合った柔軟性のある製品やサービスを作成する前に、それぞれのサービスの価値とそれを提供するコストを見積もらなければならない。これは基本的な責務のはずだが、ほとんどの企業が価値やコストの評価を組織的に行っていないのが実情だ。

最先端の企業は、補助的サービスの価値をどのように測定しているのだろうか？

繊維やプラスチック容器のメーカーであるグライフは、「使用時コスト調査」を定期的に実施して、自社製品を利用することで顧客が得られるコスト削減や優れた価値を文書化している。同社のテクニカルサービスのマネジャーは、調査結果の信ぴょう性を高めるために、顧客のマネジャーと協力して調査を実施した。製造過程を調べるだけでなく、プロセスフローを分析し、顧客の事業活動を図示して、現状のコストを見積もった。

これらの見積もりを参考にして、グライフのマネジャーたちは、顧客向けのシステムソリューションについて意見を出し合った。例えば、ジャストインタイム納品や容器のリサイクルなど、資材取り扱いの新しいシステムについて検討した。そして、コスト削減の見積もりと併せて、さまざまな代替サービスも顧客に提案した。

このようにして、顧客は、提案されたシステムの価値に基づき、さまざまな情報を考慮して購入判断を下すことができる。

先進的な企業は、製品に伴うサービスコストをどのように理解しているのだろうか？

不明瞭なサービスをなくし、コストを隠そうとする営業担当者の姿勢を正すため、ある調味料メーカーは、サービスの提供と計画システムを見直した。

まず、サービスの内容とサービス提供のレベルについて、できるだけ正確に定義した。

例えば、高度な研修を受けた技術者で構成される販売チームは、基本的な問題解決など、ささいなサービスにもすべて対応しなければならなかった。このようなサービスのコストは、それぞれの営業担当者に割り当てられている年度予算の一部を占めている。

詳細な技術問題の解決など、重要なサービスはすべてプロジェクトベースで提供されており、各部門の技術専門家が行っていた。サービスの料金は、顧客がプロジェクトごとに直接支払うか（顧客はそれを望んでいた）、あるいは営業担当者が管理する予算に対して請求された。

年度初めに、このメーカーのマネジャーたちは、各主要顧客について財政目標と売上目標、さらには提供するサービスのレベルについて明確な計画を立てた。そして年度末に、これらの計画を見直し、サービスコストと収益性を調べ、翌年のサービスレベルの見直しを提案した。

サービス、プログラム、システムの特性を明確にして、資源を効果的に管理する活動基準原価計算（Activity-Based Costing）を導入するのは容易ではない。それでも、活動基準原価計算の導入によって大きな成功を収めているケースもある。

ロバート・キャプランとスティーブン・アンダーソンは、注文や活動（作業）の特性が異なると、所要時間がどのように変動するのかを明らかにした計算式「所要時間計算式」を提唱している。ある作業を行うのに要する時間と、活動の特性（提供するサービスのレベルなど）が変わると、その時間がどのように変動するのか。それを簡単な語句と演算子で表したものだ。

キャプランとアンダーソンが示した例について考えてみたい。ある化学薬品を出荷するには梱包が必要だが、特殊な梱包の有無や輸送手段の種類によって、梱包に必要な時間は変動する。

梱包に要する時間（分）＝0・5（通常の梱包）＋6・5（特殊な梱包）＋2・0（空輸）

予測した時間（分）に1分あたりのコストを乗じると、注文を処理する（つまり、梱包する）コストが推測できる。活動基準原価計算を簡潔にする「所要時間計算式」（Time Equations）は、第3章で説明した「言葉による価値方程式」と併せて利用することができる。

これらのツールを併せて利用すると、補助的サービスの提供に要する価値とコストを、数学的かつ実践的に、正確に表現して見積もることができる（注釈7）。

より柔軟性のある製品やサービスの提供

市場の特性に合わせた柔軟な製品やサービスを考案する際、サプライヤー企業は、それぞれのサービス要素を展開する3つの戦略のいずれかを取ることができる。それは、サービスを販売しない、標準サービスとして提供する（無料）、オプションとして提供する（有料）の3つだ。

それぞれのサービスは、さらに3つのステータスのいずれかの特徴を持つ。それは、新しいサービス（サプライヤー企業はこれまで販売していないが、ライバル社がすでに販売している可能性がある）、既存の標準サービス、既存のオプションサービスである。

サービスのステータスとサービス要素の展開を組み合わせると、9つの戦略パターンが生じる。これらの9つの戦略をまとめたものが、図5－2の「柔軟なサービス提供戦略表」である。この図から、製品やサービスの特性とバランスを体系的に捉えることができる。また、9つのパターンに空欄がある場合には、マネジャーはさらなる調査の実施や戦略の策定を促すこともできる。

図5-2_サービス、プログラム、システムの柔軟なサービス提供戦略表

サービス要素のステータス	サービス要素の展開 販売しない	 標準サービス	 オプションサービス
既存の標準サービス	標準サービスから取り除く	標準サービスとして維持	追加料金オプションとして作り変える
既存のオプションサービス	オプション提供の打ち切り	標準サービスの強化	付加価値オプションとして維持
新しいサービス	サービスの保留	標準サービスの拡大	付加価値オプションとして採用

資料:James C. Anderson and James A. Narus, Business Market Management, 2nd ed., © 2004, 191.(Pearson Education, Inc., Upper Saddle River, NJ

既存の標準サービスの見直し

最も重要な基本理念は、標準サービスをできるだけ最小限にすることである。そのためには、市場区分内のすべての企業が高く評価するサービス、プログラム、システムの要素のみを標準ベースで提供する。

この理念を実行に移すには、まず既存の標準サービスを見直す必要がある。いくつかの要素を取り除き(打ち切り)、オプションとして代替要素を提供することで、サプライヤー企業のマネジャーは、サービスの一部を維持し、新たな標準サービスの基盤とすることができる。

標準サービスから取り除く——サプライヤー企業

は、既存のサービスを打ち切るくらいならサービスを付加するほうがいい、と考える傾向がある。それでもマネジャーは、既存のサービス要素を念入りに調べて、打ち切りの候補を見つけなければならない。

その方法の1つとして、市場内の大半の顧客がほとんど利用していないサービスを探す。そのサービスを重視している顧客はきわめて少ないため、それを提供し続けることでサプライヤー企業が得られるメリットはほとんどない。ただし、これらの顧客のために、サプライヤー企業はサービスをアウトソーシングしたり、そのサービスを提供している別の企業を紹介したりする。

ある化学製品メーカーは、入念な調査を行った結果、残念なことに、現在提供している186種類のサービスには年間固定費が発生しているが、その大半はこの1年間に利用されていないことがわかった。そこでサービスの大半を打ち切ることにしたが、そのことに気づいた顧客はほとんどいなかった。

標準サービスとして維持——サプライヤー企業は、市場内のすべての顧客が必要としているわけではないサービスでも、標準サービスとして維持することがある。サービスが成功するかどうかは、どれほど広範の顧客層に利用されるかによって決まるからだ。成功例として、オンライン注文、オンライン追跡システム、物流管理システムなどがある。

競合製品と差別化しにくいサービス要素については、標準サービスとして提供することを検討する。

このようなサービス要素は、業界の標準とみなされ、ネイキッド・サービスの大半を占めていることが多い。類似するサービスを提供する上で問題となるのは、自社サービスの価値はライバル社のサービスよりも著しく劣るものではないと顧客に理解してもらうと同時に、ライバル社のサービスよりもコストを抑えることである。

なぜこのような戦略が重要なのか？　通常、顧客はこれらのサービスをあまり重視しないため、最小限の条件をクリアしていれば、サービス提供企業を変えようとはしないからだ。

追加料金オプションとして作り変える――サプライヤー企業のマネジャーによると、9つ戦略の中で実践するのが最も難しいのは、標準サービスを追加料金オプションとして作り変えることである。無料で利用できると思っていたのに料金を払えと言われると、顧客は憤慨するかもしれない。

ライバル社がそのサービスを標準サービスの一部として無料で提供していると、事態は一層難しくなる。大量生産の化学薬品や完全一貫製造の製鋼所など、固定費が高い業界では、その問題が最も顕著になる。

このような業界のマネジャーは、操業率の目標達成（つまり、採算が取れる水準）が危うくなる可能性があるため、売上高が減少するような戦略を採用したがらない。その結果、売上高を維持するために定期的にサービスを追加する。

特定の時期に、たまにしか提供しないサービス――研修、設置、改修など――は、追加料金オプションの最適な候補となる。これらのサービスを付加価値オプションとして提供すると、そのサービスを必要とする顧客は、料金を進んで支払おうとする。

また、顧客側は何の価値もないと思っている（あるいは、他の企業だったら無料で提供してくれるかもしれない）が、サプライヤー企業側が顧客にとって価値があると信じているサービスについて、その真偽を試す機会になるだろう。市場の反応によって、これらのサービスを付加価値オプションとして提供するか打ち切るかを判断することができる。

トップ企業は、さまざまな工夫をこらして、こういったサービスを付加価値オプションに作り変える。ある特殊化学薬品会社は、標準サービスパッケージを徹底的に見直して、顧客の要件に見合ったものにするために、この戦略を実施した。

同社は、特殊有機化学薬品だけでなく、研究所のサポート、現場でのコンサルティング、現地試験、教育セミナーなど、さまざまなサービスを提供しているが、いずれもコストが高い。これらのサービスに対してどのような価値を感じるか、そしてこれらのサービスをどのように利用するかは、顧客によって異なる。そのことを認識した同社は、それぞれのサービスのレベルを変えて顧客に提供することにした。

毎年最小限の製品のみを購入する顧客に対しては、標準サービスの他に基本レベルのサービスを提供する。この顧客がより高いレベルのサービスを望む場合には、年間購入量を増やすか、追加料金を支払う。このように、すべての標準サービスについて多様なサービスレベルを用意する。このサービスを高く評価する顧客は、購入量を増やすというオプションを選ぶこともできる。

これまで標準サービスだったものを付加価値オプションに作り変えるための準備段階として、ある大手コンピューター会社は、提供するサービスの料金表を作成し、「採算が合わない」ものを取り除いた。手紙を添付して、現場でサービスを利用してもらったことに感謝を示し、さらに比較のため、独立コンサルタントを利用した場合の料金を提示して、このサービスが顧客にとってどれほどの価値があるかを説明した。

なぜこの企業は、**仮請求書**（pseudo-invoice）と呼ばれるこのような手法を採用したのか？

この手法によって、顧客の心の中にサービスの価値を植え付け、今後サービスに料金を課すための布石を打つためである。このようにして、ある要素を個別に提供することと（「無料」として請求書から差し引く場合でも）、標準パッケージの中にその要素を織り込むことの違いを明確にできる。

もう1つの手法は、サプライヤー企業のオプションサービスに対して、顧客が「プレミアム料金」の価値があると判断した場合、そのオプションの全額または一部を顧客に支払ってもらう方法である。戦略的に行動する顧客は、バクスター・ヘルスケアからの購入金額と購入量に基づいて「バクスター・ボーナス」を増やし、それをオプションのサービス、プログラム、システムの利用に割り当てた。このようにして、戦略的な法人顧客（病院）は、「バクスター・ボーナス」という共通の資源を利用して、個々の要件に合わせて製品やサービスを調整した。

オプションサービスの見直し

次に、サプライヤー企業のマネジャーは、既存のオプションサービスを見直して、打ち切るのか、標準サービスを強化するのか、オプションとして提供し続けるのかを判断しなければならない。

標準サービスを見直すときと同じように、オプションを見直して作成するには、まず既存のオプションサービスを取り除くことを慎重に検討しなければならない。

かつては収入源となっていたが、今ではあまり利用されていないために採算が合わないと判断されたオプションは、打ち切りの候補となる。同様に、顧客が支払いたい金額よりも高いコストがかかるサービス（その要因として、テクノロジーの変化、専門知識の必要性、保険リスクなどが挙げられる）も、打ち切りの候補となる。

例えば、保険リスクを考えると、多くのメーカーは、追加料金を払ってもらってでも溶剤容器の輸送を引き受けたがらない。標準サービスを取り除くときと同じように、サプライヤー企業は、これらのサービスを必要とする顧客に対して、サービスをアウトソーシングすることでサポートを続けることができる。

また、サプライヤー企業は、これまでオプションとして販売してきたサービスを標準サービスに織り込むこともある。中核となる製品が汎用的な製品だとみなされると、標準サービスを強化して、ライバル社との差別化を図ることができる。

ただし、この戦略には注意が必要だ。

顧客は最も広範囲のサービス（あるいは最適なサービス）を提供している企業を選ぶ、と考えられがちだが、この考えは必ずしも正しくない。というのも、同じ市場内の顧客でも、サービスに対する評価は異なるからだ。誤った考えを持ったサプライヤー企業は、必要以上の要素を標準サービスに組み入れようとしてしまう。

そこで、標準サービスを最小限のネイキッド・ソリューションになるまで「そぎ落とし」、いくつかのオプションを追加し、(全額でも一部でも)プレミアム料金を払ってもいいと顧客に思わせる必要がある。サプライヤー企業との結び付きが強くなる(つまり、1社からの購入量が増える)と、顧客は多くのプレミアムを得て、サービスの購入をさらに増やすことができる。

すると顧客は、自社の要件に合わせて製品やサービスを調整できるだけでなく、欲しくないサービスに対しては支払う必要がないと考えるようになる。サービスの価値を明確にするため、サプライヤー企業は、(バクスター・ヘルスケアが行ったように)未使用の「ボーナス料金」については顧客に払い戻すことを契約の最後に約束する。

新サービスによって柔軟性を高める

新しいサービスは、どのようにして生まれるのだろうか?

自社の強みと能力を生かして新しいサービスを見つける企業もあれば、対象顧客のコスト構造と戦略的な緊急課題に注目する企業もある。コスト削減や業績拡大を目指す顧客をサポートするには、どのような新しいサービスを創造したらよいだろうか?

新しいサービスというのはこれまで提供していないものであるため、そのサービスの提供方法に対する顧客の期待（つまり、料金がかかるかどうか）をプレッシャーに感じることはない。

そのため、新しいサービスの提供は、製品やサービスの柔軟性を高める最適な方法と言えるだろう。企業は、新しいサービスを個別のオプションとして維持しなければならないが、これらのサービスを「提供しない」、あるいは「標準サービスを強化するために提供する」という戦略を採ることもできる。

サービスの保留——サプライヤー企業は、さまざまな要因を考慮して、「新しいサービス要素を提供しない」という戦略を採ることがある。顧客がその要素の価値をまだ認識していない場合、サービス提供のコストがまだ高い場合、打ち切る予定の現在のサービス要素にまだ需要がある場合などが、これに当てはまる。

アクゾノーベル・インダストリアルコーティングス（ＡＮＩＣ）の例を紹介しよう。アクゾノーベルは、現在提供している製品に伴う塗料技術の環境問題を憂慮し、水性塗料の技術的開発に多くの時間と資源を費やした。

そこで同社は、環境に配慮したテクノロジーへの変更について顧客に意見を求めた。多くの顧客は、その提案に関心を持ったが、残念ながら、そのテクノロジーに追加料金を払おうとする顧客はいなかった。

アクゾノーベルのマネジャーは、環境保護法によって溶剤排出の大幅削減が定められない限り、顧客は新しいテクノロジーを評価しないだろうと考えた。そのため、顧客の関心と認識が高まるまで、そのテクノロジーを保留しておくことにした。

標準サービスの強化――もう1つの戦略として、「新しいサービスによって、標準サービスを強化する」ことがある。関係性によって市場を細分化する際、サプライヤー企業のマネジャーは、協力的な関係を維持しながら、さらに活性化させる新たなサービス要素を探す。

例えば、顧客の要件の変化を予測して、それに対応できるような新サービスを追加する。日本のコンピューター数値制御装置メーカー、オークマの例を紹介しよう。

ある年、オークマは24時間以内発送保証を導入し、翌年には保証付き下取りサービスの提供を開始した。同社の経営陣は、変動的な市場に対応するだけでなく、販売業者と従業員を効率的に行動させることが大切だと考えた――そのためには、アメリカ全土に24時間以内に発送する方法を学ぶ必要があった。さらに、営業担当者が顧客への営業活動の中で話題にできるように、興味深くて新しいテーマや話のネタを与えた。

また、鋭いサプライヤー企業は、標準サービスに新たなサービスを追加してライバル社の参入を阻止しようとする。

例えば、バクスター・サイエンティフィック・プロダクツ（ＢＳＰ）の工業部門は、顧客から高く評価され、ライバル社よりも優れていて安価な新たなサービスを模索していた（注釈８）。

新たなサービスと標準サービスをセット販売すると、ＢＳＰは、ライバル社に「不快な」選択をさせることができる。つまり、ライバル社がサービスをセット販売しない戦略を採ると、ＢＳＰは付加価値がある固有のサービスとして売り込むことができる。あるいは、ライバル社がＢＳＰに対抗してサービスを提供しようとしても、ライバル社は新しいサービスの提供方法を理解するためのコストも時間もかかってしまう。

標準サービスに組み入れる候補となる新しいサービス要素は、（１）初期開発または初期設置の段階にコストの大半が発生する、（２）継続コストはサービス要素を実際に利用する顧客の数にほとんど左右されない、（３）サービス要素の利用方法によってサプライヤー企業のコストが削減される、という特徴を持つ。

付加価値オプションとして採用――新しいサービス要素を個別に提供すると、それを求める顧客に付加価値オプションを与えられる。そしてサプライヤー企業は、新しいサービス、プログラム、システムに対する顧客の関心をすぐに判断することができる。

例えば、RRドネリーはもともと、印刷、製本、フィルム作成、印刷前工程を中心に事業を行っていた。

しかし経営陣は、データベース管理、コンサルティングやトレーニング、立体広告や音声広告、ダイレクトマーケティング、レイアウトシステム、マッピングサービスなど、革新的なサービスによって、今後の成長と収益が期待できるのではないか、と考えた。市場での実現可能性を調べるため、ドネリーは、これらのサービスを付加価値オプションとして提供した。

抜きん出た存在になる

私たちが行った経営実務調査によると、多くのマネジャーが変革を心から望んでいる一方で、ライバル社の動向も気になっていることがわかった。マネジャーたちは、ライバル社も収益性を向上させようとしていることはわかっていても、柔軟性のある製品やサービスの創造に取り組もうとしていなかった。

さらに、マネジャーたちは、「タイミング」と「規律」の問題を心配していた。これらの2つの問題に対処する前に、まず、ライバル社による根拠のない類似性の主張に対抗する手段として、抜きん出た存在になる方法を考えなければならない。

その方法の1つに、サービスに基づく成果を保証することが挙げられる（この方法は、標準サービスに組み入れられるサービスについても効果的だ）。1社が提供するサービスが複雑で広範に及ぶほど、ライバル社たちが「我が社も同じサービスを提供できる」と主張する可能性が高くなる。そこで、経験豊富なマーケティング担当者は、サービスの提供を「主張」するのではなく、サービスの提供を「保証」して対処する。

前出のオークマの例では、ライバル社も迅速な配送を約束すると、オークマは24時間以内発送保証を打ち出した。部品を注文しても24時間以内に届かなかったら、顧客は無料で部品を受け取ることができる。

また、前出のグライフはさらに一歩進んで、コスト削減保証プログラムを導入した。顧客が5％の値下げを要求すると、コストを5％削減できる方法を見つけることを保証するのだ。しかも、契約書にこのことを明記している。顧客がコストを5％削減できなかった場合は、グライフが差額を支払う。5％以上削減できた場合は、顧客はそのメリットをすべて享受できる。これまでのところ、グライフは保証したとおりにサービスを提供している。さらに、これは顧客の焦点を価格からそらす優れた方法でもあるのだ。

他社から抜きん出た存在になり、製品やサービスに柔軟性を持たせる「タイミング」を知るのは難しい。先陣を切るのがいいのか、それとも追随するのがいいのか？　先陣を切って業界の因習を打破するには、強い決意を持ち、批判を受け入れなければならない。

この問題を中和する戦略として、（1）２つの新しいサービスをオプションとして提供する、あるいは（2）現在の業界標準パッケージから２つのサービスを選んで別々に販売し、追加料金のオプションとして提供する、のいずれかの方法で、柔軟な製品やサービスをパイロットテストする。業界の慣行に逆らうことは、業界のパラダイムシフトの第一歩となる。

多くの企業は、オプションのサービスに追加料金を要求すると、顧客を失ってしまうのではないかと恐れている。そのため、柔軟な製品やサービスの提供に二の足を踏んでいる。しかし、一歩踏み出せば、新たな顧客を開拓できるだろう。柔軟な製品やサービスを提供してきた多くの企業のように、一部の顧客を失っても、顧客の要望に見合った製品やサービスを妥当な価格で提供できるからだ。

柔軟な製品やサービスを提供してきた企業は、これらを高く評価する市場区分と顧客に資源を注力することで、よりよいリターンを得られる。

タイミングというのは非常に難しい問題だ。

アクゾノーベルは10年ほど前、ヨーロッパで、「収益性に対する顧客関与」のアプローチを展開した。製品やサービスを改良して、価値に見合ったリターンを得られる価格設定にすることは、業界にとって新しい手法であっただけでなく、社内でも反発があった。

そのため、アクゾノーベルはまず、同社に強みがあるオランダとドイツの「ホーム」市場で実施し、その後、ヨーロッパ北部の「アウェイ」へと展開していった。最後に実施されたヨーロッパ南部では、手数料収入の減少を恐れた営業担当者たちがサービスの改良に抵抗したため、市場の方向転換に最も手間取った。

無料サービスの提供を減らしたことで、一部の顧客を失った。しかし全体としては、粘り強い努力によって、安定した売上高を実現すると同時に、収益を大幅に増やすことができた。

サプライヤー企業が成功を目指す上で最も重要な課題は、一定の規律内で柔軟な製品やサービスを提供するという姿勢を持たなければならないことだ。この規律を守るには、高度な顧客対応スキルを身につける必要がある。

それは、如才なく顧客に「ノー」と言うことである。柔軟な製品やサービスを提供すると、顧客は一定のオプションの中から選ぶことができるが、サプライヤー企業は、追加料金を払わずにフルサービスを求める顧客に対しては、「ノー」と言わなければならない。

このスキルがなければ、柔軟な製品やサービスを提供しても何も変わらない。つまり、ただサービスを与えるだけになってしまう。手際よく巧妙に実践することで、手堅く、一貫性があり、公平な企業だという評判を業界内に広めることができる。

集団から抜きん出た存在になろうではないか。

顧客に合った製品やサービスの提供
——ダウ・コーニングとザイアメターの例

対象顧客に適した製品やサービスを提供した好例として、ダウ・コーニングのケースを見ていこう（注釈9）。

２０００年、同社は、７０００種類もの製品を補助的なサービスとセットにして顧客に提供していた。世界のシリコン市場で40％のトップシェアを占めていたが、低コストの多数のライバル社が価格引き下げ戦略を進めていた。そこで、ライバル社に合わせて価格を引き下げて価格プレミアムを損なうのではなく、ライバル社に対抗する策を打つことにした。

そこでまず、顧客が何を求めているのかを調べることにした。徹底的な調査の結果、次の４つの市場区分があることがわかった。

1　革新を求める顧客——最先端の製品を発明し、先進テクノロジーを開発し、新たなマーケットを開拓する顧客。イノベーションを重視する顧客は、新しい用途や革命的な製品を最初に利用したいと考える。また、あまりに飛躍的なものであったとしても、これまで存在しなかった技術や市場ポジションを創造して優位に立とうと考える。

2　生産性向上を求める顧客——安定した実績があり、すぐに入手可能な製品を求める顧客。製品の獲得、使用、処分を改善するためのサポートを求めている。注文の追跡や材料の出荷から処理やトラブルシューティングに至るまで、安定した供給、最低限のダウンタイム、世界共通のソリューションを求める。

3　総コスト削減を求める顧客――コスト削減またはカスタマーサービス向上のために、サプライチェーン最適化を求める顧客。その他に、ベンダー主導型在庫管理、注文に応じたパッケージング、使用時コスト調査、サプライチェーン分析などのサポートも求める。

4　低価格を求める顧客――できるだけ低価格で材料やサービスを求める成熟市場の顧客。費用効果を高めるため、成熟製品を大量購入し、サービスは必要としないが品質、信頼性、低価格を求める。

顧客調査によって、4つ目の顧客は、ダウ・コーニングが提供していた補助的サービスをあまり重視していないことがわかった。ところが、補助的サービスは製品と一括販売しており、そのコストを回収する必要があったため、この市場区分にとってネイキッド・ソリューションは高すぎた。

当然のことながら、この市場区分の顧客は、重視していないサービスに料金を払おうとせず、しかも値下げを求めてきた。ただし、基本的な製品やサービスを変えずに、価格だけを下げることは問題であった。というのも、他の3つの市場区分の顧客は、価格の引き下げを求めてはいたが、補助的サービスを高く評価していたからだ。対象顧客に適した製品やサービスを提供する必要があるのは、一目瞭然だった。

2002年、低価格を求める市場区分に対応するため、ダウ・コーニングは100％子会社のザイアメターを設立した。ザイアメターは、価格設定を15～20％下げる必要があると判断したが、それは非常に大きな数字だった。しかも、顧客のコストを削減したとしても、収益性を犠牲にするわけにはいかない。さらに、他の3つの市場区分の売上を減らすわけにもいかない。

では、どうしたのか？ ザイアメターは、「低価格志向で、シリコン素材を使用した成熟製品を年間5万ドル以上購入する顧客」をターゲットとしたのだ。低価格志向の顧客を対象とするため、製品やサービス、ならびに価値提案を次のように定めた。

・ダウ・コーニングでは即時対応発送を保証していたが、ザイアメターは注文を受けてから7～20日間で発送する。その結果、ダウ・コーニングの生産ラインに余裕がある場合にザイアメターの注文を割り込ませることができた。

・技術サービスを提供しない。つまり、高額のサービス機能（人材や設備など）に投資する必要がない。

・顧客は発注規模を自由に決めることはできず、製品ごとにトラック、タンク、パレット単位で注文しなければならない。その結果、ザイアメターは効率的な物流を実現できた。
・原則的にウェブサイトから注文を受け、メールや電話で注文する場合は250ドルの追加料金が発生する。その結果、仲介コストを削減することができた。
・納品日を変更する場合には、5%の変更料が発生する。また特急注文の場合には10%の追加料金、キャンセルの場合には5%のペナルティ料金が発生する。その結果、生産計画を立てやすくなった。
・信用貸しの条件を厳しくした――30日返済・利率18%。その結果、運転資本を削減できた。
・ダウ・コーニングでは7000種類の製品を販売していたが、ザイアメターでは350種類の成熟製品に絞った。その結果、カニバリゼーション（訳注・自社製品同士の市場の奪い合い）が少なくなり、親会社（ダウ・コーニング）が低価格のライバル社と競合している製品に注力することができた。
・製品に損傷があった場合のみ返品を受け付けることにした。
・価格設定は6種類の通貨のみにした。その結果、為替リスクを回避できた。

ザイアメターは、新たなブランドで販売する製品がダウ・コーニングの製品と同じ品質であることを証明するため、化学的同等性の証明書を顧客に提示している。このように、中核製品はまったく同じ製品であるが、補助的サービスで差をつけている。

これらの価値提案のおかげで、ザイアメターは優れた成果をあげることができた。設立初年度のカニバリゼーションは、同社予想の半分だった。

価格は15～20％低いが、ウェブサイトのみでの販売であるため、さまざまなコスト要因——技術サービス、販売員、在庫管理など——を取り除き、その他のコスト——物流コストや製造コスト——を最適化することができた。さらに、売掛金を低くして在庫を最小限にしたことで、運転資本の効率化を図ることもできた。

これらを総合すると、コスト削減によって総資産利益もアップした。さらに、ダウ・コーニングの生産ラインに余裕がある場合は、その生産ラインを利用したことで、ダウ・コーニング自体の操業も効率的になった。


ザイアメターは、設立以降、ダウ・コーニングの売上高に大きく貢献している。2001年のダウ・コーニングの売上高は24億ドルであったが、2005年には39億ドルに増大した。また、2001年は2800万ドルの損失を計上していたが、2005年には5億ドルの利益を計上するまでに大きく回復した。

財務実績の大幅改善だけでなく、ダウ・コーニングとザイアメターの「デュアル・ブランド」戦略によって、製品やサービスの明確な価値を顧客に理解してもらうことができた。顧客は、それぞれのブランドの対照的な価値提案とサービスを知ることで、十分に検討して購買判断を下すことができた。

このように、対象顧客のさまざまな要望や優先事項に適した製品やサービスを提供したことで、ダウ・コーニングにも顧客にも成果をもたらした。

第6章

販売者からバリューマーチャントへ

「価格」ではなく、「価値」で勝負する

価値を与えるだけなら、特別なスキルなどいらない。ただし、顧客に提供した価値に見合ったリターンを得られるかどうかは、マーケティング、特に営業の力量が問われる。

ＢｔｏＢ市場の多くの企業では、営業担当者には相当なコストがかかっている。しかも企業は、価格でしか勝負しない営業担当者に給与を支払うことに納得できない。しかし残念なことに、価格で勝負する営業担当者があまりに多い――企業の立場で価値を提唱するのではなく、顧客の「ちょうちん持ち」のように値下げを主張している。

本章では、まず、「価値の提案者」と「価値の浪費家」を比較する。収益に見合った報酬を営業担当者に与えることは必要だが、それだけでは営業担当者をバリューマーチャントに変えることはできない。次に、バリューマーチャントを育むためにサプライヤー企業は何をするべきかを考える。そして最後に、営業担当者をバリューマーチャントに変貌させたミリケン・アンド・カンパニーのケースを紹介する。

価値の提案者と価値の浪費家

価値の提案者（バリューマーチャント）は、サプライヤー企業にかかるコストと、製品やサービスが顧客にもたらす価値を認識し、サプライヤー企業と顧客の双方が適正なリターンを得られるように努める。

これと正反対の立場にいるのが、よくありがちな価値の浪費家であり、サプライヤー企業の製品やサービスの優れた価値を無駄遣いし、大したリターンも得られない。

次ページの『価値の提案者か？ 価値の浪費家か？』では、2つの対照的な行動を紹介して価値の提案者と価値の浪費家の違いを示している。自社の営業担当者の行動がどちらに当てはまるのかを率直に考え、彼らが価値の提案者と価値の浪費家のどちらの特性を持つのかを明らかにしてほしい。

営業担当者が価値の提案者と価値の浪費家のどちらの行動をとるかは、間違いなく報酬が大きく影響する。

ところが、営業担当者の報酬制度を計画する際に、多くの企業が本来の目的を見失っている。『On the Folly of Rewarding A, While Hoping for B（B行動を望みながら、A行動に報酬を与える愚行）』（注釈1）という論文があるが、この場合は、「収益性・利益を望みながら、売上に報酬を与える愚行」と言い換えられるだろう。

価値の提案者か？　価値の浪費家か？

自社の営業担当者が、どちらに当てはまるのかを考えてほしい（価値の浪費家⇕価値の提案者）。そして、10個の行動を総合して、営業担当者の特性を明らかにしてみよう。

1 低価格を提示して契約を結ぼうとする⇕価格を変えずに利益を増やそうとする

2 優れた価値について、裏付けのない主張を売り込む⇕優れた価値について、金銭に換算して実証・文書化する

3 報酬制度の売上の側面に注目する⇕報酬制度の総利益・収益性の側面に注目する

4 製品やサービスの要素を変えずに値引きを提供する⇕製品やサービスのコスト削減と引き換えに値引きを提供する

5 価格が高すぎることに不満を抱く⇕優れた価値を示す証拠が不十分なことに不満を抱く

6 契約を結ぶためにすぐにサービスを無料で提供する⇕今後の取引を増やすために戦略的にサービスを提案する

7 契約を結ぶためにすぐに値引きを提案し、次の取引に移ろうとする⇕収益性を求めて1件ずつ粘り強く交渉する

8 自社の戦略は生産能力（または処理能力）志向だと考える⇕自社の戦略は価値志向だと考える

9 主にライバル社の価格と比較して販売する⇕主にライバル社の総保有コストと比較して販売する

10 顧客は価格にしか関心がないと考える⇕顧客は製品やサービスの価値増大に関心があると考える

営業担当者をバリューマーチャントに変貌させるには、価値を販売した行動と利益をあげた成果に対して報酬を与える制度を導入しなければならない。営業担当者は、「価値計算機（Value Calculators）」や「価値ドキュメンター（Value Documenters）」などの販売ツールを有効に活用して、営業活動を円滑に進めたり、多くの利益をあげる方法を考える必要がある。

つまり、顧客の収益性に基づいて営業担当者に報酬を与えつつ、優れた価値を実証・文書化しながら営業活動を進め、提供した価値に対する適正なリターンを得ることが望ましい。

多くの企業は、営業担当者の報酬制度を計画する際に、利益の要素を織り込んでいる。ただし、これだけでは売上を追い求めようとする営業担当者の行動を変えるのは難しい。

利益要素と売上要素のウェイトの差には、企業目標に関する経営陣の複雑な感情が反映される可能性がある。特に、コストのかかっている要員をフル稼働させたいと経営陣が考えてしまうと、冷静かつ適切にウェイトを定めることができなくなる。経営陣が感情をコントロールして、売上よりも収益性・利益のウェイトをはるかに大きく定めると、営業担当者の行動に大きな影響を及ぼせるだろう。

ある化学薬品メーカーのマネジャーは、純利益のウェイトを6割にした新たなインセンティブ報酬が導入されると、「営業担当者への緊急輸血だ！」と思った。

これまでは、自社製品の価格が他社製品よりも1ポンドあたり6セント高いと、営業担当者は経営陣に価格の見直しを求めていた。ところが、新たな報酬制度導入後は、営業担当者は6セントの違いを顧客に納得させるプレゼンテーションを行うようになった。

それでも、売上高を重視した戦略を採る企業があることは紛れもない事実である。

そこで、売上から利益を生み出すことが課題となる。海事、防衛、輸送用のグラスファイバーや強化プラスチックを製造する顧客向けに複合材料や装置を提供している大手再販業者、コンポジット・ワンの例を紹介したい。

同社の報酬制度は、安定した基本給と相当額のインセンティブ報酬で構成されており、インセンティブ報酬は、基本給の50％から１００％を超えることもある。インセンティブ報酬は、営業担当者がそれそれの担当地域であげた総利益に基づいて算出される。営業担当者が直接管理できる支出と担当する顧客の不良債権を総利益から差し引き、調整済み総利益を算出する。営業担当者のインセンティブ報酬として加味される調整済み総利益の割合は、8～10％（担当地域の規模や顧客数によって異なる）となる。

このような報酬制度を導入したコンポジット・ワンは、売上高も重要だが、最も重要なのは総利益だということを営業担当者に周知させることができた。


価値を売るスキルを営業担当者に発揮させるために、サプライヤー企業は、収益要素だけでなく、行動要素を報酬制度に組み入れることができる。

十分に学習して身につけたスキルでも、定期的に実践する機会がなければ、そのスキルは低下してしまう。実践する機会がないまま時間が経ってしまうと、営業担当者は自分には能力がないと考えてマイナスのスパイラルに陥り、価値ベースの販売ツールを使おうとしなくなる。

このような悪循環を避けるため、営業担当者は価値ベースの販売ツールを定期的に使用し、その道の専門家であることを顧客に実証する必要がある。

第1章で紹介したＳＫＦでは、営業担当者のインセンティブ報酬の50％について、個人目標（文書化ソリューション・プログラム（ＤＳＰ）による成功案件、担当区域内での売上伸び率、特定製品の導入など）を反映させている（DSPとは、顧客に提供する価値を実証・文書化するツール）。残りの50％は、付加価値合計（資本コスト差引後の総利益であり、担当地域、事業部門、部署の業績などを考慮して算出）を反映させている。

興味深いことに、SKFでは、DSPツールを利用して金銭的価値に換算した数値に基づいて、営業担当者の報酬が評価される。同社では、DSPツールを営業担当者の日常業務に組み入れたいと考えているため、実際の売上金額よりもDSPツールを使った金銭的価値の数値のほうを重視している。

ロックウェル・オートメーションのセールスエンジニアは、基本給＋インセンティブ報酬を得ている。業績評価の一貫として、各セールスエンジニアは、TCO（総保有コスト）ツールボックス（価値を実証・文書化する双方向プログラム）を使用して、TCO評価を行わなければならない。

これらの分析から得られたTCOのケースをもとにして、顧客とTCO分析に関する知識が深まったことを実証し、それをインセンティブ報酬のアップにつなげている。

価値を売るための動機と能力を与える

価値を売る能力を営業担当者に身につけさせるには、どうしたらよいだろうか？

そもそも、なぜ価値を売らなければならないのか？　ＢｔｏＢ市場で成功を収めるには、ゼネラルマネジャーや販売担当役員は、この質問について、営業担当者が納得できるように答える必要がある。ところが、この質問がうやむやにされ、売上の伸びを鈍化させているケースが多い。納得できる答えが出せなければ、経営陣はバリューマーチャントを求めることなどできない。

適切な報酬制度（昇進やコンテストを定期的に実施してやる気を促す）を導入すれば十分だ、とマネジャーが誤解しているケースがある。そのため、サプライヤー企業は、価値を売りたいと営業担当者に思わせる2つの要因について取り組む必要がある。

それは、価値を売る現場経験を継続的に与えること、そしてバリューマーチャントを称賛する企業文化を醸成することである。

ただし、いくら価値を売りたいと思っても、その能力がなければうまくいかない。価値販売の研修（営業担当者と顧客を交互にロールプレイングする）を行って必要な知識やスキルを与えればよい、と誤解しているマネジャーがいる。

実際には、営業担当者が価値で勝負できるかどうかは、きちんと吟味したプロセスと価値ベースの販売ツールが大きく影響する。現場経験を積むと、価値を売りたいという動機を与えるだけでなく、価値で勝負できるという自信を与えることにもなるからだ。

バリューマーチャントを育てる

多くの企業が価値で勝負する戦略に取り組んできたが、期待した結果が得られていないケースも多い。営業担当者の意識を変えるのは簡単ではない。新たな取り組みに対して、懐疑的な態度をとる傾向があるからだ。

マネジメントの実状について調査を行ったところ、バリューマーチャントを育てることに秀でている企業はきわめて少なかった。

このセクションでは、営業担当者をバリューマーチャントに育てることに取り組み、そして成功を収めた企業のケースを紹介する。さらに、これらのケースに基づき、営業担当者をバリューマーチャントに育てるための枠組みを提案する。

価値を売るプロセスと価値ベースの販売ツールの導入

価格で勝負するアプローチから、優れた価値を実証・文書化するアプローチに切り替えさせるには、そのプロセスの早い段階から営業担当者を積極的に関与させることが重要だ。

そのためには、先進的な考えを持つ数人の営業担当者を、顧客価値調査のメンバーに加える必要がある。チームに加わった営業担当者は、類似点と相違点の概念化、言葉による価値方程式の作成、顧客の現場でのデータ収集に積極的に協力する。

経験豊富な営業担当者があらゆる段階で関与しているため、価値計算機と価値ドキュメンターが導入されても、他の営業担当者はそれをトップダウンの「ブラックボックス」だとは思わない。それどころか、優秀な営業担当者がツールの作成に協力し、顧客価値管理のアプローチを重視し、ツールのメリットを他の営業担当者に力説してくれるため、広く受け入れられやすくなる。価値を売るプロセスの確立と実践についても、同じアプローチが当てはまる。

仲間から信頼されている営業担当者で構成される社内の諮問グループとして**販売委員会**を設置すると、他の営業担当者の関与と協力を促すのに大いに役立つ。

ロックウェル・オートメーションでは、販売ツールとシステムの設計と提案に、販売委員会を積極的に関与させている。TCOツールボックスの他に、顧客訪問の回数、接触できた顧客マネジャーの人数、プレゼンテーションの回数、TCO分析の実施回数、受注件数などに関する情報を営業担当者に報告させる制度を設けている。

販売委員会は初期の段階から積極的に関与しているため、他の営業担当者に報告制度のメリットを紹介し、それに従う理由を説明する役割を進んで担う。また販売委員会は、TCOツールボックスの利用方法とタイミングを他の営業担当者に推奨する。

販売委員会が積極的に関与したことで、結果的に、ロックウェルのセールスエンジニアはシステムとツールの成功に大いに貢献することができた（注釈2）。

価値を売るプロセス――経験豊かで洞察力のある営業担当者は、顧客の要望や優先事項を調べる系統的なプロセスに「直観的に」従い、それに対応した製品やサービスをまとめて提案し、競合製品よりも優れていることを実証する。そして、これに対する適正な価格を交渉し、顧客に約束した価値を確実に提供する。

価値を売るプロセスを導入する目的は、この「暗黙の知識」を明白で完全なものにして、経験の浅い未熟な営業担当者でも常に優れた成果をあげられるようにすることである。価値を売る例として、ケナメタルのケースを紹介しよう。

ケナメタルは、掘削の工具・設備、エンジニアリング製品、製造プロセスで消費される資材などを提供する世界のリーディングカンパニーである。同社は、販売する製品の特性から、価値を売ることを重視している。

一般的に、工具・設備のコストは、顧客の総生産費用の2〜4％程度である。そのため、顧客に対するケナメタルの製品やサービスの価値は、工具・設備の「消費」自体を削減することではなく、工具・設備を利用して生産性を向上させて、残りの96〜98％のコストをいかに削減するか、ということにある。

逆の立場で考えると、2〜4％のコストを削減することがケナメタルの価値提案だとしたら、顧客の工場責任者はケナメタルの営業担当者に会ってはくれないだろう。工場責任者の時間をかけるほど重要な価値ではないからだ。

ところが、工具・設備を利用して総生産費用を数十％削減するという価値提案を示すと、工場責任者の関心を引きつけることができる。

そこでケナメタルは、価値を売るプロセスを世界規模で導入し、一貫性、信頼性、反復性のあるプロセスを確立して、顧客との関係を継続的に改善することができる、と考えた。さらにこのプロセスによって、顧客ロイヤルティを高めて売上を伸ばすためのベストプラクティスを社内で共有できる。プロセスは6つのステップで構成される。

1　対象となる顧客を特定する

2　顧客のニーズを明らかにする

3 顧客固有の価値提案を作成する

4 詳細な販売計画を立案する

5 継続的かつ徹底的に取り組む

6 顧客の意見に耳を傾けて修正を加える

この6つのステップを円形に並べ、ケナメタルのプロセスが途切れることなく結び付いていることを訴える。円の中心には「積極的な理念：不屈の闘志で100％シェアを目指す」と書かれている。対象顧客の100％シェアを目指し、信念を持って行動すれば、ライバル社に打ち勝つことができる、と営業担当者を鼓舞しているのだ。

価値ベースの販売ツール――第4章で述べたように、営業担当者は、製品やサービスの優れた価値を顧客に実証・文書化し、適正なリターンが得られることを力説できるツールを利用しなければならない。

販売ツールとして価値計算機と価値の成功事例を紹介したが、どのようなツールであっても、自社製品の優れた価値を顧客に納得してもらえる証拠を示さなければならない。しかもその証拠は、事実やデータに基づいていて、顧客の事業を正確に反映していなければならない。可能な限り、この証拠は金銭的価値に換算して表現する必要がある。

見込み客に製品やサービスを試してもらうには、他の顧客の経験を伝えることが効果的だ。（リファレンス顧客の実名を挙げても挙げなくても）「価値の成功事例」を示すと、見込み客は、サプライヤー企業の売り込みよりも、リファレンス顧客のコメントのほうをはるかに信用する。しかも、顧客価値のナレッジは繰り返し利用できる。バリューマーチャントは、顧客価値を文書化することで顧客価値のナレッジを生み出し、価値の成功事例として自身も他の営業担当者もそれを再利用することができる。

アムステルダムを本拠地とする情報通信技術プロバイダーのジェトロニクス（年間売上高は41億ユーロを超える）では、営業担当者がＤＶＤを利用して、価値の成功事例を紹介している。

２枚組のＤＶＤには、会社とその製品（ソリューション）についての説明、２件のプレゼンテーション、主なクライアントの多数のケーススタディが収録されている。見込み客を訪問すると、営業担当者は、音声を消して映像を見せながら自分でプレゼンテーションをするか、あるいはＤＶＤをクライアントに渡して好きなときに見てもらっている。

価値の成功事例を利用するのは非常に有効な方法だが、他のデータベースと同様、最新版を維持するのは大変である。そのため、一回限りの取り組みでは、十分に効果を発揮することはできない。営業担当者は、積極的に活用し、内容を更新し、改良し続ける必要があるのだ。

ＧＥのインフラストラクチャー部門のウォーター・アンド・プロセス・テクノロジー事業部（Ｗ＆ＰＴ）などのベストプラクティス企業は、これを効果的に実践している。

価値提案の実証のパイオニアであるＷ＆ＰＴは、価値生成計画（ＶＧＰ：Value Generation Planning）のプロセスとツールによって、同社ソリューションが顧客に提供した成果を文書化している。現場担当者は、顧客の事業を理解し、顧客にとって最高の価値をもたらすプロジェクトを計画、実施、文書化することができる。また、オンライン追跡ツールによって、Ｗ＆ＰＴと顧客のマネジャーは、同社が取り組んだプロジェクトについて文書化された成果をすぐにチェックすることができる。

１９９２年にＶＧＰを開発して以来、Ｗ＆ＰＴは１０００件以上の成功事例を文書化し、顧客のコストを13億ドル削減し、９００億リットル以上の水資源を節約し、５５０万トンの廃棄物を削減し、４９０万トンの大気排出を削減している。

経験豊かなバリューマーチャントは、簡単な価値ベースの販売ツールの他に、包括的な価値蓄積ツールを導入し、顧客に提供してきた価値を、時間をかけて文書化している。このようなツールを使用すると、顧客から「最近どのようなプロジェクトに取り組んだか?」と質問されたときに、適切に対応することができる(顧客は他の成功事例を知りたがる)。

明敏なサプライヤー企業は、このようなツールを作成し、使用方法を営業担当者に指導し、顧客に対して創造した価値を記録する時間を与える(記録しなければ忘れてしまう可能性がある)。

いかに優れた価値ベースの販売ツールであっても、営業担当者が使うのが難しい、もしくは使いにくいと感じたら、ほとんど活用されることはないだろう。また、ツールの使用によって利益が増えたり営業活動が容易になったりすると認識しなければ、やはり使われることはないだろう。そのため、優れた経営陣は、初めてでも営業担当者がツールを使いこなせ、その後も使い続けるように、策を練っている。

現場での経験を積む

営業担当者が価値ベースの販売ツールを初めて目にするのは、おそらく販売会議の場面だろう。販売会議では、自社が設計したプロセスとツールについて学ぶ。

できれば、プロセスやツールの開発やパイロットテストに積極的に関与した営業担当者の意見を聞くと、信ぴょう性が高くなる。その後、販売研修を受け、プロセスについてさらに詳しく学習してツールを試用する。

ただし、現場で実際に使用しなければ、スキルを身につけて使いこなすことはできない。そのためには、定期的にツールを使用し、必要であれば顧客価値のスペシャリストの支援を仰ぐ必要がある。

研修を有意義に実施するには、まず、価値を売る根拠を営業担当者が納得できるように説明する。ベアリングの世界的リーディングカンパニーであるSKFでは、専門知識を駆使したテクニカルな営業スタイルに慣れている営業担当者に、価値を売りにした成功例とテクニカルな営業の失敗例を説明し、研修参加者の関心を引きつけている。

例えば、研修担当のマネジャーは、SKFの営業担当者が優れたテクニカルアプローチを展開したにもかかわらず価格競争に負けたケースを紹介し、このような結果になった原因と回避方法を研修参加者に尋ねる。

成功例として、文書化ソリューション・プログラム（DSP）を利用して3つの目標――（1）販売数を増やす、（2）成約率を50～60％アップさせる、（3）顧客のマネジャーからの値下げ要請を回避する――を達成したケースを紹介する。

通常、営業担当者は、研修中のロールプレイング演習（顧客の役と販売員の役を交互に演じる）で、価値ベースの販売ツールを初めて使用する。この演習を効果的に実施するには、実際の顧客経験を反映させる必要があるため、ＳＫＦでは実際の顧客のケースを採り入れている。ロールプレイングを終えたら、研修参加者は、うまくいった点とうまくいかなかった点を話し合う。

新人担当者に成功体験を与える——現実に即したロールプレイング演習を熱心に実施しても、実際の現場で価値ベースの販売ツールを使いこなせるとは限らない。

そのため、バリューマーチャントの育成に真剣に取り組んでいる企業は、販売研修に続いて現場演習を実施して、営業担当者に指導と支援を与える。顧客価値のスペシャリストや経験豊かな販売マネジャーが指導と支援を行うケースが多い。

ＳＫＦでは、営業担当者1人に対して「地域優秀者」を1人割り当て、1週間にわたって顧客を訪問する。その際、2人はＤＳＰツールを使用しながら、徐々に営業担当者の責務を増やしていく。

この初めての現場経験によって、営業担当者はＤＳＰツールを使用する自信がつき、うまく使いこなせるようになる。それだけでなく、2人が行動を共にして、顧客を訪問したり交流を深めたりしていくうちに、ＤＳＰツールに関する疑問や不安を地域優秀者に打ち明けやすくなる。

企業向けにエンジニアリング・ソフトウエアを提供するインターグラフでは、ＥＰＣ（設計・調達・

建設）企業向けのソフトウエア製品と工場経営者向けのソフトウエア製品をまとめた資料を作成している。その資料で、実名も仮名も織り交ぜて価値の成功事例を挙げながら、ソフトウエアの導入とメリットについて説明している。

同社では、価値ベースの販売ツールとしてこの資料を営業担当者に使用させ、同社のソフトウエアの導入によって、どれだけの利益をあげられるかをＥＰＣ企業に実証している。

さらには、1年以内にどれほどのコスト削減を実現できるかを工場経営者に実証することを、営業担当者に期待している。そのために、営業担当者は、価値提案の意義と見込み客を獲得する方法について研修を受ける。

インターグラフのグローバル事業開発部門のエグゼクティブディレクター、フランク・ヨープは、営業担当者が価値提案を効果的に伝える方法と資料を使った販売方法を理解できるように、担当者と行動を共にして営業活動をしている。マンツーマンの協力体制の成功例を紹介しよう。

成長市場として同社が注目している地域である中東には、大手見込み客のアラムコ・サービシズ・カンパニーがある。ヨープは、アラムコにプレゼンテーションを行うにあたって、現地担当者に、製品のテクノロジーを売り込むのではなく、製品の価値を提案する方法を説明した。そして、実際にプレゼンテーションを行い、効果的な価値提案の方法と質問への対応の仕方を営業担当者に身をもって示した。

2人は協力して契約締結にこぎつけただけでなく、アラムコにリファレンス顧客になってもらうことにも成功した。その結果、中東の別の大手企業、サビック（サウジ基礎産業公社）との契約にも結び付いた。

ヨープは、営業担当者に価値を売ることの重要性を理解させ、同社が開発した価値ベースの販売ツールを使用させるには、実際に営業担当者と協力してプレゼンテーションと契約締結を進めることが最適な方法だと考えたのだ。

価値を売るアプローチを定着させる——前述のように、価値を売るスキルを営業担当者が発揮できるように、サプライヤー企業は、行動要素と収益要素を報酬制度に組み入れることができる。こういった報酬制度は、価値ベースの販売ツールを定期的に使用し、習熟を目指す営業担当者のモチベーションにもなる。特にSKFとロックウェル・オートメーションではこのような制度を確立している。ただし、行動要素は営業担当者のモチベーションアップの一部にすぎない。

ロックウェルのセールスエンジニアは、業績評価と報酬の目的以外にも、TCOツールボックスを使用し続けたいと考えている。なぜなら、TCOツールボックスによって、営業活動の時間を節約することができるからだ。
ロックウェルのセールスエンジニアは、次のようにコメントしている。

「TCOツールボックスを利用すると、長い目で見て、時間削減というメリットが得られます。もちろん、TCO分析方法を学ぶには時間がかかります。データを集めて、それをモデルに当てはめるのにも時間がかかります。顧客がデータを準備していなかったり、提出したがらなかったりすると、さらに時間を要します。それでも、優れたTCOツールを使用すると、『機能とメリット』を売りにする標準的なアプローチよりも、契約成立の時間を短縮できます。従来のアプローチは、営業活動の販売サイクルがとても長いんです。例えば、1件の契約を成立させるのに、数カ月にわたって3~4回も顧客を訪問することもあります。これに対してTCOを利用すると、時間を短縮できるだけでなく、コスト削減の可能性がある要素を見つけることもできます。そこから、顧客の信頼獲得にも結び付くのです。さらに、TCOツールボックスによって数値とメリットを示されると、顧客は積極的にデータを提供してくれるようになります」（注釈3）

営業担当者の日々の行動に価値ベースの販売ツールを組み入れている企業は、営業担当者をバリューマーチャントに変貌させることができるだけでなく、営業担当者の能力をさらに強化することもできる。ベアリングなどの製造用機器の販売代理店であるアプライド・インダストリアル・テクノロジーズの例を紹介しよう。

アプライドの営業活動の基盤となっているのは、Documented Value-Added®（ＤＶＡ）である。すべての営業担当者は、イントラネットで専用のソフトウエアにアクセスし、法人顧客に対する価値提案活動を逐一記録しなければならない。顧客に価値を提案したら、顧客に対するサービスの内容と、アプライドのサービスを利用したことによるコスト削減の見積もりを要約して、ＤＶＡレポートを作成する。そして年度末になると、営業担当者は顧客にレポートを提示する。顧客のマネジャーは、確かに価値を提供したというアプライドの主張を承認して、レポートに署名しなければならない。

開始以来、ＤＶＡのレポートには、同社顧客のコストを10億ドル以上も節約してきたことが記録されている。

アプライドの営業担当者は、さまざまな方法でＤＶＡを日々の営業活動に採り入れている。例えば、ＤＶＡレポートを利用して顧客ロイヤルティを築き、今後も継続的に購入してもらう。ＤＶＡレポートを見せながら、「昨年はＭＲＯ（メンテナンス・修理・整備）関連製品を20万ドル購入していただき、

8万5000ドルのコストを削減しました」と主張することができる。3~4%の値上げを許容してもらえるだけでなく、ライバル社が安い見積もりを提示しても契約を獲得することができる。

それだけでなく、顧客の購買マネジャーはインセンティブ目標を達成しなければならないため、アプライドの営業担当者は、コスト削減を達成したことを顧客のマネジャーが上司に証明するのをサポートできる。つまり、顧客のマネジャーがインセンティブ報酬を得られるように後押しできるのだ。

また営業担当者は、DVAレポートを使用して、顧客をターゲティングしたり、新規顧客を開拓したりできる。顧客企業、ロケーション、業界ごとにDVAレポートを整理する。そして特定の顧客企業のすべてのロケーションと部門についてDVAレポートを評価し、顧客の別の現場でも再現できるかどうかを判断するのだ。

営業担当者は現場に赴き、「貴社の他の現場では、Xのサービスをご利用いただいています。コスト削減を示したDVAレポートをご覧ください。こちらの現場でも、同じように取り組むことができます」と主張できる。

さらに、業界全体のレポートを集約して、パターンを見つけることもできる。その業界の見込み客を訪問して、コスト削減を提案するのに利用できるのだ。

アプライドの例からわかるように、顧客に提供した価値を文書化すると、顧客のマネジャーもサプライヤー企業も、製品やサービスの優れた価値による功績を認められる。これだけでも十分にメリットはあるが、バリューマーチャントはこの知識を他にも活用できる。

自社の製品やサービスからさまざまな顧客が得た価値を追跡し、基本的な分析を行うことで、用途、顧客の将来性、利用状況の点で製品やサービスの価値がどのように異なるかをより深く理解することができるのだ。

そしてこれらの見解から、見込み客を見つけて優先順位をつける。営業担当者にとって時間は大切であるため、営業担当者にも企業にも最高のリターンをもたらす結果志向の戦略が好まれる。

さらに販売担当の経営陣は、最新のデータベースを利用して、市場細分化の計画を改良・拡大することができる。優れた価値を実証・文書化するためのさまざまな取り組みを活かして、その後の営業活動を円滑に進め、生産性を上げることができる。営業担当者は、価値ベースの販売ツールをさらに有効活用したいと思うだろう。

結果的に、営業担当者をバリューマーチャントに変貌させようとすると、ＳＫＦの「地域優秀者」のように、価値のスペシャリストを育成することになる。

価値のスペシャリストは少人数ではある。しかし彼らは、顧客価値管理の必要性を営業担当者が理解して、その能力を伸ばすのをサポートするだけでなく、コンサルタントの役割を果たして優れた顧客価値評価も行う。

ロックウェル・オートメーションのセールスエンジニアは、範囲を絞ってＴＣＯ分析を行い、顧客が最も関心を持つ分野や最も不安な分野に注目して、ロックウェルの相違点を実証する。このような分析では、顧客の生産プロセスのすべてのコストとステップを掘り下げて調査するのではなく、特定のアプリケーションの主な活動に注目する。

顧客がより広範囲のＴＣＯ分析を求めたら、セールスエンジニアはロックウェルのコンサルティング・グループのＴＣＯコンサルタントに支援を仰ぐ。コンサルタントが広範囲にわたる徹底的なＴＣＯ分析を行う場合は、顧客、あるいはロックウェルの販売部門と製品マーケティング部門のいずれかが追加料金を負担する。

バリューマーチャントの文化の浸透と活性化

営業担当者をバリューマーチャントに変貌させたいと考える企業は、バリューマーチャントの文化を浸透させ、活性化させている。営業担当者がバリューマーチャントになるには、企業にも同じような姿勢が必要だ。

こういった企業は、顧客に対する優れた価値の実証・文書化に基づいて事業を行う、という理念を掲げている。これまで紹介してきたツールやプロセスによって、この理念と文化を活性化することができるだろう。

ただし経営陣は、ツールやプロセスに頼るだけでなく、自社の全従業員と顧客にバリューマーチャントの理念と文化を効果的に伝えられるように、幅広い見解を持たなければならない。営業担当者の肩書や呼称、マーケティング・コミュニケーション、報酬制度などは、バリューマーチャントの文化を醸成するのに大きな影響力を持つ。


営業担当者の肩書に、バリューマーチャントの文化を反映させる——営業担当者の肩書というのは、見逃されがちだが、営業担当者の自意識に大きく影響する。また顧客に、自社の理念と営業担当者の社内でのポジションを的確に伝えることもできる。先進的なサプライヤー企業は、肩書の重要性をすでに認識しており、バリューマーチャントの文化を醸成している。グレンジャーとPeopleFloマニファクチャリングの例を検証しよう。

グレンジャーは、多数の潜在的な価値ドライバー（訳注・価値を左右する要因）を調査したところ、顧客に対する自社の固有のポジションを明らかにできた。つまり、MRO（メンテナンス・修理・整備）製品の予定外の不定期購入——顧客の購買予算の負担になっていた——を顧客が効果的に管理できるようにサポートすることができるのだ。

そこで同社は「グレンジャーの価値の優れた点」について価値提案を作成して、MRO製品の予定外の不定期購入をまとめて管理できるようにサポートし、MRO製品の総コストを大幅に削減した。グレンジャーが顧客の不定期購入の「ワンストップ・ショップ」の役割を果たしたことで、顧客は、めったに購入しない品目を過剰に在庫する必要がなくなった。さらに、希少製品の調達コストを削減することで、生産性の向上にも貢献した。その後、価値を売るプロセスと価値ベースの販売ツールを設計し、営業担当者は顧客に価値提案を実証することができた。

その一環として、「認定バリューセラー」という肩書を作り、能力のある営業担当者は特別なステータスと名声を得ることができた。

「認定バリューセラー」になるには、40日間のブートキャンプに参加して、価値を売るスキルを学習・演習しなければいけない。研修の2週間後、各営業担当者は、顧客に対する優れた価値提案を作成し、それを販売マネジャーたちの前で発表する。その際、営業担当者は、グレンジャーの価値提案を理解し、顧客の抱えている問題を考慮して優れた価値提案を作成し、その価値提供を裏付ける証拠を集めていることを実証する必要がある。

販売マネジャーは、その価値提案に異議を唱え、営業担当者はそれに対応する。「うまく対応できた」と販売マネジャーが判断したら、その営業担当者は価値の提案者として認定される。うまく対応できない場合は、もう一度ブートキャンプを受ける。

このように、厳格なプロセスを確立することで、グレンジャーの経営陣は、企業自身がバリューマーチャントになろうとしていることを発信し、「認定バリューセラー」という肩書に重要な意味を与えている。

PeopleFlo マニファクチャリングは、その創業時から、顧客に対する優れた価値を実証・文書化し、適正なリターンを得てきた。

同社の顧客には大手生産工程メーカーなどが名を連ね、ポンプのコスト削減に取り組んでいる。顧客は、問題解決に対する体系的なアプローチや、ポンプのライフサイクルコスト評価に対する事実に基づくアプローチを重視している。

営業担当者に「顧客価値マネジャー」という肩書を与えていることからも、同社がバリューマーチャントを醸成する理念と文化を持っていることがよくわかる。

この肩書から、PeopleFlo の営業担当者に何を期待できるかが伝わる。彼らは、他社製品と比較して、PeopleFlo のポンプシステムの価値（つまり、運営コスト削減）を計算し、設備投資やメンテナンス費用の根拠を明らかにし、投資利益率を社内で共有できるように、顧客の相談に乗ってサポートする役割を果たす。

マーケティング・コミュニケーションで優れた価値を売り込む――バリューマーチャントの企業は、製品やサービスの優れた価値をマーケティング・コミュニケーションに織り込んでいる。いかに優れた価値を提供しているかを売り込むことで、顧客の期待を確立し、営業活動の基盤にしているのだ。

マーケティング・コミュニケーションとして、販売促進のツール、広告、記事などを利用できる。例えば、アプライドでは、業界誌の広告で価値の成功事例（「コスト削減を文書化したサービスが表彰された」）を紹介し、誰にでもわかるように価値提案を示している。

優れた価値の提供がきわめて専門的な場合、バリューマーチャントの企業は、学術フォーラムなどでこの優れた価値を伝える。

アクゾノーベルの高純度金属有機物（HPMO）の事業部は、化学製品を提供するシリンダーを再設計し、特許を取得した。グローバル・セールス&マーケティングのマネジャーは、このシステムを技術会議で発表し、『IEEEジャーナル・オブ・クリスタル・グロース』などの主要学術誌の特集記事で公表した。会議での発表や記事をウェブサイトに投稿したことで、見込み客はアクゾノーベルの事業を知り、営業担当者に問い合わせるようになった。

また、業界誌に記事を載せ、運営コストをどのように負担するかを顧客に深く理解してもらうこともできる。記事の中で、サプライヤー企業の専門家は、顧客価値調査を引用してコスト要因を明らかにし、これまで十分に理解されていなかったコストを顧客が計算できるように方程式を紹介する。

例えば、ソノコの産業製品部門は、植物の繊維を撚り合わせて通す革新的なワインダーチューブを開発した。『インターナショナル・ファイバー・ジャーナル』に寄稿した記事で、無駄な要素、言葉による価値方程式、一般的な例を表にまとめて発表し、このチューブの価値を世間に紹介した（表6－1）。

優れたバリューマーチャントを高く評価する——バリューマーチャントの文化を醸成するには、コンテストを開催するのも1つの方法だ。コンテストのルールを設定し、参加資格を明らかにして、上位成績者の表彰や報酬の方法を決め、企業全体にバリューマーチャントの文化を根付かせる。

コンテストを設計するにあたって、経営陣は、過去の成功例を参考にしなければならないが、バリューマーチャントの文化をさらに活性化できるような革新的な要素を加えることも忘れてはならない。

グレンジャーでは、「バリュー・アドバンテージ戦略」の実施に合わせて、2005年にコンテストを開催した。地域ごとに10人ほどの現地営業担当者が競い合って、価値提案を発表した。価値提案は、以下の4つの基準で評価された。

1 「バリュー・アドバンテージ」のストーリーを効果的に伝えたか?

2 顧客の事業部門に適した価値提案を作成したか?

3 提案した解決策に顧客は納得したか?

4 価値提案に関する疑問や反論に適切に対応できたか?

各地域の勝者は地区大会に進出し、地区大会の勝者は全国大会に進出する。全国大会の4人の勝者には、2006年3月にオーランドで開催された全国販売サービス会議で、価値提案を発表する機会が与

表6-1_ソノコの新技術の効率費用一覧表

無駄な要素	言葉による価値方程式	例
無駄な糸	撚り合わせの時間を60分で割り(時間に換算)、1ポンドあたりのコストと1時間あたりの処理能力を乗じる	(12/60)×(1.35ドル×60)=16.20ドル
労働費	撚り合わせの時間を60分で割り(時間に換算)、作業者数と1時間あたりの労働費を乗じる	(12/60)×(2×22.00ドル)=8.80ドル
機会コスト(追加生産)	撚り合わせの時間を60分で割り(時間に換算)、1ポンドあたりのコストと1時間あたりの処理能力を乗じる	(12/60)×(1.35ドル×60)=16.20ドル
材料費	ワインダーあたりのチューブ数に1チューブあたりのコストを乗じる	4×1.00ドル=4.00ドル
無駄なファイバーコスト(または収益)	1ポンドあたりの無駄な繊維に中断時間に生成されるポンド数を乗じ、破棄に関連するあらゆるコストを差し引く	-((0.15×12)-(12×0.02))=-1.56ドル
1回の失敗による総コスト	これらのコストを合計する	43.64ドル
1日あたりの失敗コスト	1回の失敗あたりの総コストに1日の失敗数を乗じる	43.64ドル×32=1,396.48ドル
年間コスト	1日あたりの失敗コストに1年間の製造日数を乗じる	1,396.48ドル×350=488,768ドル

資料:"Sonoco: Calculating the Costs of Yarn String-Up and Transfer Failures," International Fiber Journal, October 2005より

えられた。

3000人を超える販売・サービス担当者の前で、パネリストのマネジャーたちに対して価値提案を発表した。パネリストは、それぞれの価値提案に異議を唱える。プレゼンテーションが始まると、ジェームズ・ライアン社長もサプライズで登場し、パネルに加わった。観衆は大いに盛り上がった。ライアン社長が顧客の役割を演じ、価値提案に異議を唱え、発表者を質問攻めにした。

このコンテストでは、グレンジャーの優秀な営業担当者を評価・褒賞し、その後、4人のうち3人が昇進することができた。


企業が再販業者を利用して市場にアクセスする場合は、再販業者の営業担当者に対してバリューマーチャントの理念をどのように伝えたらよいだろうか? 高度な流体システムの製品、サービス、ソリューションを提供するスウェージロックの例を見ていきたい。

スウェージロックでは、再販業者の営業担当者を対象とした研修の中で、同社製品の利用による顧客のコスト削減を文書化した価値影響力プログラム（VIP:Value Impact Program）レポートを活用して、価値を売ることの重要性を伝えている。

営業担当者は、主要顧客についてVIPレポートと「顧客への影響力」を作成し、顧客とスウェージロックに提出する。この一連の活動を通して、スウェージロックの製品が顧客にどのように優れた価値を提供しているかについて、営業担当者は最新の知識を身につけ、さらに知識を広げることができる。

再販業者にバリューマーチャントの理念を広めるため、スウェージロックは、年間営業活動コンテストを開催して再販業者を評価・表彰している。アメリカ国内外を問わず、すべての再販業者が参加するのだ。コンテストの主要カテゴリーに、「営業担当者あたりの平均VIPレポート数」がある。イントラネットでスコアボード（ゴルフのリーダーボードのように、随時更新される）を作成し、カテゴリーごとに各地の上位の再販業者（およびその総ポイント）が報告される。

年次総会の表彰式ディナーで、営業担当者あたりの平均VIPレポート数のトップ3の再販業者に、それぞれ金・銀・銅の盾が渡される。優れたバリューマーチャントとなった再販業者とその営業担当者が表彰されるのだ。

興味深いことに、表彰するだけで賞金は出ない。ところがスウェージロックの再販業者はこの表彰を切望しており、健全で有益な競争が繰り広げられている。最近金賞を受賞したある再販業者のシニアマネジャーは、スウェージロックのマーケティング担当副社長に、「私にとって、この賞は1万ドル以上の価値がある！」と伝えたという。

前出のコンポジット・ワンでは、「マージン・ビルダー賞」を毎年授与し、事業部門と営業担当者にバリューマーチャントの文化を浸透させている。

同社はアメリカ国内に30カ所の販売センターを有し、それぞれが利益を生み出している。販売センターだけでなく、営業担当者もコンテストに参加する。販売センターの従業員は総利益に大きな影響力を持つからだ。例えば、販売センターの顧客サービス担当者は、注文を見直し、忘れている可能性のある品目の購入を顧客に確認する役割を担っている。

売上総利益の金額の伸びと総利益率の伸びを合わせて、「マージン・ビルダー・スコア」を算出する（伸び率をパーセントで算出）。

毎月、コンポジット・ワンの全従業員に「マージン・ビルダー・ニュース」が配布される。このニュースでは、売上増に貢献した営業担当者と販売センターを紹介し、トップ10の販売センターと営業担当者（ならびにそのマージン・ビルダー・スコア）をリストアップする（２００６年7月号の見出しは「マージン・ビルダー・レースがスタート！」であった）。

そして年度末に最終結果が配られ、トップの販売センターと営業担当者が掲載される（２００６年号の見出しは「勝者決定！」であった）。

マージン・ビルダー賞を受賞できるのは1カ所の販売センターだけであるが、この他に3カ所の販売センターが地域賞として表彰される。受賞した販売センターの全従業員に、100ドルの商品券が付与される。優勝した販売センターと地域賞の販売センターには、名前が刻まれた盾が贈られ、副賞として1年間有効の月2回のランチに招待される。

マージン・ビルダー賞のグランプリを受賞した営業担当者には、2人分の旅行券がプレゼントされる。2位と3位の営業担当者には商品券が贈られる。

ただし、これらの賞よりも魅力的なのは、社会的名声が得られることだろう。3人の受賞者は本社の特別発表会に招待され、名前が刻まれた盾を贈られ、プレジデントクラブの生涯メンバーになれるのだ。

プレジデントクラブのメンバーには、上質のブルージャケットが贈られる。全国販売会議では、プレジデントクラブのメンバー（現在と歴代の受賞者）はジャケットを着用してイベントやレセプションに参加するため、同僚や経営陣にはすぐにわかるのだ。

営業担当者をバリューマーチャントに変貌させる
――ミリケン社の例

現場の営業担当者をバリューマーチャントに変貌させた素晴らしい例として、テキスタイル、カーペット、化学品の世界的トップメーカーである株式非公開企業のミリケン・アンド・カンパニーのケースを紹介したい。

1999年当時、アメリカの多くの製造業者は、輸入が増大し、サプライチェーンを低賃金諸国にシフトされつつあった。ミリケンも例外ではなく、いくつかの市場では、熾烈な価格競争が繰り広げられていた。また、顧客満足度が低くなり、売上収益にも危機が迫っていた。さらに、古い製品の中には知的所有権の保護が不十分なものがあったため、他社の侵害に遭う可能性も考えられた。

ミリケンの経営陣は、低コストと価格だけで勝負するのは難しいと判断した。同社の構造的費用は、市場最低価格を実現できるものではなかったからだ。

そのため、製品に優れた価値を付加する新たな方法を見つけなければ、低コスト競争に巻き込まれて利益を逃してしまう危険性があった。

この問題に対処するため、ミリケンはパフォーマンス・プロダクツ部を立ち上げ、顧客価値エンジニアリング（CVE：Customer Value Engineering）戦略に取り組んだ。部門責任者、事業開発マネジャー、戦略・マーケティング部門責任者、3人の市場マネジャー、製品市場・経営革新責任者で構成される部門横断型チームが、このCVE戦略を推進した。

市場マネジャーは、それぞれの市場の営業担当者の考え方をまとめる役割を果たした。彼らは、販売・市場マネジャーの調査を協力して行い、ミリケンの顧客が「優れた事業運営」と「イノベーション」の要素を最も高く評価していることを明らかにした。

この見解に基づき、CVEチームは、詳細な価値計算機を開発し、潜在的な相違点を明らかにして、顧客の立場からその金銭的価値（コスト削減または収益増大の金額）を定量化した。価値計算機では、製品の一貫性、製品の利便性、製品のカスタマイゼーション、サービスの一貫性、サービスの利便性、サービスのカスタマイゼーションの6つの分野についてミリケンを評価した。それぞれの分野をさらに主要業績評価要素に分類した。

これらの調査結果に基づき、CVEチームは、「一緒に働こう、一緒に勝利を目指そう（Working Together, Winning Together）」というキャンペーンを立ち上げた。

このキャンペーンでは、顧客に対して3つメリット――継続的なオペレーショナル・エクセレンス（業務改善）、イノベーションと新製品の開発、ワールドクラスのサービス――を提供することを目指した。

これに沿って、チームのメンバーは価値を売るためのプロセスを開発した。さらに、付加価値を顧客に提供する独創的なアイデアを考案すると同時に、より高い利益を獲得できるように、営業担当者をサポートする価値提案ツールを作成した。

特に成功を収めた事例として、中核事業の総コストを削減したいと考えていた大手消費者製品メーカーのケースを紹介しよう。このメーカーはミリケンにとって新規顧客だったが、成長が期待できる企業だった。

メーカーの担当者は、特殊なテキスタイル製品向けの新技術を求めてミリケンを訪れた。ミリケンは部門横断型チームを設立し、顧客と協力して、総コスト削減に役立つ新技術の開発を目指した。改善できそうな多くの要素を明らかにして、顧客の対象市場に進出できそうないくつかのソリューションを開発、テスト、実証した。顧客のメリットを目に見える形（総加工コスト、仕損コスト、開梱コストなど）で示すことで、さまざまなソリューションを評価できた。

すると、目を見張るような成果が得られた。

顧客は、3年間で700億ドルの累積コストを削減（総コスト削減の7％以上）し、品質も大幅に改善（基準以下の製品が2・4％から0・8％に減少）したのだ。顧客はミリケンのソリューションに満足し、ミリケンと100％の購入契約を結んだ。

営業担当者にCVEツールを提供することで、ミリケンは、顧客固有の要件に合った革新的な価値提案を作成する権限を営業担当者に与えることができた。営業担当者は、4つの分野——顧客の要望や優先事項を理解する、価値を実証する、条件を交渉する、成果を追求する——で価値を売るプロセスについて徹底的に研修を受けた。

売上の伸びに基づいて営業担当者を評価し、報酬を与えて、値下げや目先だけの売上増を回避できた。さらに、年2回義務付けられている部門責任者とのCVE評価は、CVEのキャンペーンに積極的に参加したいという意欲もわいた。営業マネジャーも定期的に顧客と接し、その業績を見直した。

こういったあらゆる制度やプロセスによって、営業担当者の間に顧客価値管理の意識が根付いていったのである。

CVEチームは、価値ベースのマーケティング理念を社内に積極的に広めようとした。ほとんどの営業担当者はCVEの利点を理解し、活用していたが、長年勤務している営業担当者の中には、重い腰をあげたがらず、顧客のことも何が役に立つのかも十分に理解している、と自負する者もいた。

CVEを常に活用している営業担当者は全体の3分の1、主要顧客のみに利用している営業担当者も3分の1であり、残りの3分の1は経営陣に提出する必要があるときにしか利用していなかった。

CVEチームはこの状況を認識し、いくつものインセンティブを導入して社内や部門内でCVEの重要性の認知度を高めようとした。イントラネットでＣＶＥのベストプラクティスやサクセスストーリーを紹介し、価値ベースのアプローチの導入を営業担当者に促した。また、部内会議でのプレゼンテーションや同僚同士のフィードバックによって、組織内でのナレッジの共有や学習の機会を作った。サクセスストーリーを文書化し、販売会議や部内会議で繰り返し紹介した。

こういったインセンティブによって、組織内にＣＶＥに対する機運が高まった。ミリケンでは、パフォーマンス・プロダクツ部の上位50社のうち34社の顧客にＣＶＥを展開する計画を立てている。これらの上位50社は、同社収益の３分の２を占め、成長率も１３５％にのぼっている。

優れた価値を顧客に伝えることは、ミリケンが顧客を維持・拡大するのに欠かせない戦略であっただけでなく、価格プレミアムを維持するのにも役立った。

５年間で同社は記録的な増収を達成し（その主な要因は、ライバル社からのシェアの獲得であった）、営業利益も大幅に増大した。営業担当者をバリューマーチャントに変貌させることで、ミリケンは市場で優位な立場についただけでなく、従来のエンジニアリング企業から顧客志向の企業に変貌することができたのだ。

第7章

提案した価値から得られる利益

適正なリターンを得る

本書を通して、サプライヤー企業は、第2の選択肢である競合製品よりも優れた価値を対象顧客に提供しなければならない、と繰り返し述べてきた。これを継続的に実践するのは難しいが、提供した価値と同等または適正なリターンを得るのはもっと難しい。

優れた価値を理解し、創造し、提供するには、大規模投資や十分な資源が必要になることが多い。たとえそうでなくても、競合製品よりも優れた価値を提供するのは、顧客へのサービス提供の見返りとして何らかのベネフィットを期待できる、ということを意味する。

ところが、競争の熾烈な昨今のＢｔｏＢ市場では、ただ待っているだけでは、優れた価値の見返りとして自然に利益が得られるわけではない。適正なリターンを得るには、理念、プロセス、システムの育成・開発に投資しなければならない。

そこで、バリューマーチャント（価値の提案者）の企業は、ＢｔｏＢ市場の2つの成功要因――競合製品よりも優れた価値を提供すること、そして提供した価値に見合ったリターンを得ること――に注目している。

まず、顧客から適正なリターンを得るさまざまな方法を理解し、それを有効に活用しなければならない。さらに、収益性を高められるように、適切な価格設定を行わなければならない。これらを踏まえた上で、優れた価値の提供からリターンを得たサイアムシティ・セメントのケースを紹介したい。

優れた価値に見合ったリターンを得る

優れた価値からリターンを得る方法として、多くの企業がまず頭に浮かぶのは、競合製品に対抗して価格プレミアムを付加することだろう。

一見すると、これは理にかなっているように思える。競合製品よりも優れた価値を提供するのだから、当然、競合製品よりも高い価格を設定する。確かに、価値に見合ったリターンを得るには、価格プレミアムは実にわかりやすい方法だと言える。

ただし、競争の熾烈なＢｔｏＢ市場では、価格プレミアムを付加するのは難しい。そのため、適正なリターンを得られる可能性があるすべての方法を理解し、それを活用する必要がある。これらの可能性を理解するには、まず「収益性に対する顧客の関与」を分類する（図７－１）。

収益性に対する顧客の関与は、２つの基本要素――支払い意欲とサービスコスト――に分類できる。つまりサプライヤー企業は、製品やサービスに対して顧客が支払いたいという「意欲」を高めるか、顧客に製品やサービスを提供する「コスト」を下げることに注力する。

これらの基本要素は、さらに利益増大の可能性がある要素に分類できる。

「支払い意欲」は、「価格プレミアム」と「収益性を高める取引構成」に分類される。「収益性を高める取引構成」とは、顧客が特定の製品やサービスを組み合わせて購入することで、サプライヤー企業の収益性が大幅にアップする状況を指す。

「サービスコスト」は、「顧客のシェア拡大」と「価値の浪費や損失の削減」に分類される。**顧客のシェア**とは、サプライヤー企業が現在提供している製品やサービスを顧客が購入したいと思う割合のことを指す。**価値の浪費**とは、サプライヤー企業が顧客にもたらす価値よりも提供するコストのほうが高くつき、戦略的にも重要ではないサービス、プログラム、システムを指す。**価値の損失**とは、顧客とサプライヤー企業のコストを増大させるような顧客の活動であり、コスト削減や価値の増大によっても相殺できないものを指す。

では、優れた価値の提供から利益をあげるには、どの要素に特に注目したらよいのだろうか？　適正なリターンを得るそれぞれの方法について、あなたの会社は十分に理解し、活用してきただろうか？

これらの要素を追求して収益性に対する顧客の関与を高めた成功事例を紹介するので、あなたの会社

図7-1_優れた価値の提供から適正なリターンを得る

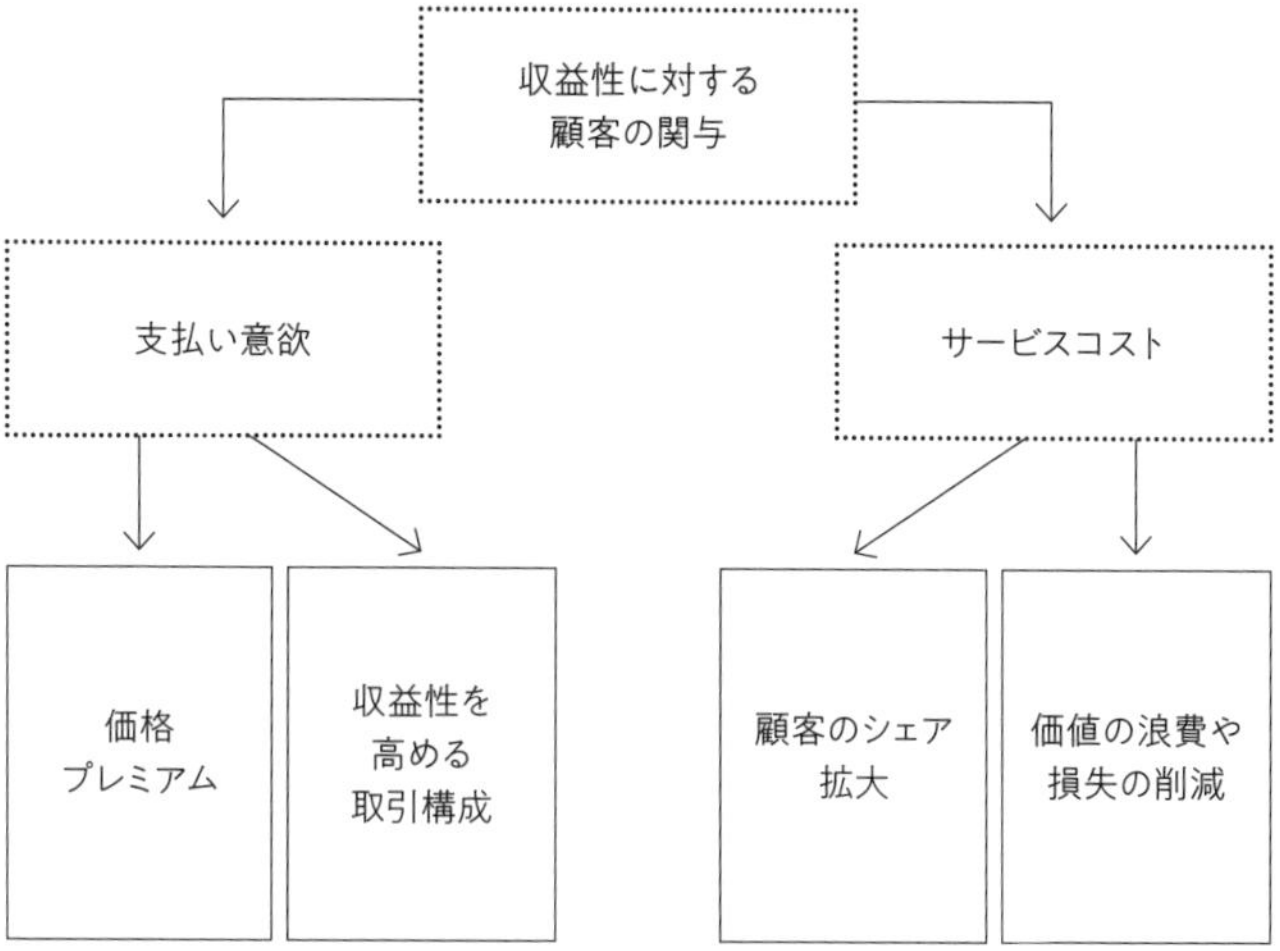

だったらどのようにできるかを考えてほしい。

価格プレミアムを得る

競合製品よりもはるかに優れた価値を提供する場合、最初のアプローチとして、競合製品よりも高い価格プレミアムを求める。特に、特許で守られた知的財産から価値が生じる場合は、この方法を採る。

価格プレミアムを付加すると、サプライヤー企業が適正なリターンだと考える「参照基準」を、顧客に把握してもらうことができる。さらに、サプライヤー企業を真似てライバル社も価格プレミアムを付加するように、刺激することになる。

ソノコの例「Sonotube®によって価格プレミアムを得る」

――ソノコの工業製品部門では、

Sonotube®というコンクリート型を長年販売してきた。紙と繊維で製造されている軽量のチューブは、商業目的や住居目的に使用されている。チューブにコンクリートを流し込み、固まるとチューブの芯材を外す。長年かけて、ソノコはSonotube®の70％を販売業者向けにプライベートブランドで製造し、30％を自社ブランドで製造する、と棲み分けるようになった。

オリジナルのSonotube®には、耐水性に優れないという問題があった。悪天候では、紙と繊維製のコンクリート型を使用することができないのだ。調査を行ったところ、耐水性を求めている顧客がいることが明らかになった。そこで「RainGuard®テクノロジーを使用したSonotube®フォーム」というブランドで、耐水性の型を考案し、製造した。

RainGuard®テクノロジーを使用したSonotube®フォームは、破裂のリスクを大幅に削減している――一般的な繊維の型は、水や雨に濡れると破損してしまう。コンクリートはｐＨ値が非常に高いため、水分によってチューブの接着剤が劣化してしまう。ソノコは破損コストを算出し、コンクリート建設業者にコスト削減を実証した。同社の営業担当者は、ワークシート（価値ベースの販売ツール）を利用して、破損コストを定量化して示した。つまり、事実に基づく分析であることを主張した。

改良した新製品は、大成功を収めた。

RainGuard®テクノロジーを使用したSonotube®は、一般的な競合製品よりも20％高い価格プレミアム、従来のSonotube®よりも5％高い価格プレミアムを付加することができた。その結果、売上を16％も伸ばすことができた。さらに、新しいテクノロジーを使用して、ソノコのブランドと、一般製品（性能が劣るプライベートブランドの型）よりも優れた価値を顧客に再認識させることができた。

ソノコは、繊維製のコンクリート型だと特徴付けられていたSonotube®のブランドが徐々に低下するのを食い止めることができ、プライベートブランドの型の生産を停止し、Sonotube® RainGuard®に全面移行した。

SKFの例「価格プレミアムを製品の性能に結び付ける」——顧客に提供した価値を文書化する経験を積むうちに、サプライヤー企業は、「自社製品が、どのように優れた価値を提供しているのか」、さらには「顧客ごとに、その価値がどのように異なるのか」を深く理解するようになる。

広くて深い知識があると、見込み客に提供するコスト削減と付加価値を確実に予測できるようになる。これらを正確に予測できるようになると、コスト削減を文書化し、その性能に見合った価格プレミアムを付けることができる。

ＳＫＦは、文書化ソリューション・プログラム（ＤＳＰ）ツールから得られる知識を利用して、業績ベースの契約を顧客と結んでいる。これは「リスク共有・利益共有」の契約であり、ＳＫＦは総合的なメンテナンスサービスパッケージを提供する。

両社が相互に定義した主要業績評価指標を満たすと、ＳＫＦがその結果を文書化し、それに基づいて顧客が適切な価格を支払う。支払い方法にはいくつかの選択肢がある。一部のみを前払いして、残りの部分は目標達成に応じて支払うこともできる。あるいは、ＳＫＦとの取引シェアを拡大することで、その利益を支払いに充てることもできる。

図７－２は、利益だけでなくリスクも顧客と共有することを宣伝した同社の広告である。

取引構成を改善する

サプライヤー企業は、収益性の高い顧客の取引構成から利益を得ることもできる。ある顧客に対する売上が同じでも、販売する製品やサービスの組み合わせや顧客のロケーションによって、得られる利益が大きく異なることがあるからだ。

利益率の高い製品やサービスを販売すると、サプライヤー企業の収益性が高くなることはよく知られている。抱き合わせ販売の多くが、この手法に基づいているのだ。

ところが、この手法について十分に検討していない、あるいは収益性アップの明確な戦略を立ててい

図7-2_SKF Reliability Systemsの広告:
顧客のリスクを減らすだけでなく、リスクを共有する

SKF Reliability Systems
は、利益はもちろん、
お客様のリスクも共有

SKF Reliability Systems は、 従来のメンテナンス方法や100%アウトソーシングではなく、 統合メンテナンス・ソリューション（IMS）によって、 お客様の機械資産管理戦略を成功に導きます。 SKF はコスト削減とリスクを共有し、 お客様は設備投資をしなくても、 約束した利益とテクノロジー・アップグレードを得ることができます。
SKF の現場チームは、 お客様の工場の資産効率と完全性を最適化するためのサービスとサポートを提供します。 業績評価指標を満たした場合は規定の料金をお支払いいただきますが、 業績目標を達成できなかった場合には SKF が契約料の一部を払い戻します。
お客様固有のニーズに合わせて、 お客様の社内資源を補完するかたちで契約を作成します。
IMS に関心を持っていただけましたか? 期待される投資利益率についてのご質問、 他社の成功事例などにつきましては、 当社までお問い合わせください。

SKF　USA
www.skfusa.com

資料:SKF USAより提供

ない企業が多い。そこで、ケッペル・セガースのテクノロジーグループの斬新な例を紹介しよう。

セガースの例「収益性の高い取引構成を追求する」——ベルギーを本拠地とするセガースは、石油化学製品、発電、食品加工、水処理の業界に対して、世界規模で設計、エンジニアリング、製造、メンテナンスサービスを提供している（注釈1）。

限られた資源を最大限に利用しなければならないため、セガースは、最も収益性が期待できる取引構成を目指して、顧客との関係拡大を中心とした成長戦略を考案・改良してきた。

この戦略は、ワンストップショッピングに対する顧客の需要が高まっていること、そして工場のメンテナンスをアウトソーシングする傾向が高まっていることに注目し、4つのステップで構成されている。

まず、対象顧客との最初の接点を作るため、ボルト締結、現場での機械加工、バルブの修理や分解など、独自の機能を持つ特別サービスや活動を1種類だけ提供しようと考えた。最初の接点で傑出したサービスを提供して、顧客の信頼を得ることに努めたのだ。

この経験を踏まえて、収益性が期待できる第2のサービス——継続的な工場メンテナンス——を提案した。セガースは工場や精製所のすべてのメンテナンス業務を行おうとしているのではない。独自の機能を持ち、大きな収益が期待できるサービスのみを提供したのだ。もし顧客から総合的なメンテナンスサービスを求められたら、補完サービスを提供する別の業者と提携する。

セガースの経営陣は、顧客の要望を深く理解するには、継続的なメンテナンスサービスが絶好の機会になる、と考えた。さらに、セガースの技術者には、あらゆるサービス機会を見つけて報告する研修を受けさせた。

第3のステップは、主要機器の修理である。例えば、顧客のメンテナンス担当者が熱交換器を修理するのはあまりに複雑で難しいが、セガースにとっては収益性の高いサービスである。修理には数日かかることもあり、セガースの技術チームが高額の機器や道具を使用して取りかからなければならないこともある。

セガースのサービス能力を顧客が信頼したら、第4のステップに進む――それは、完全停止サービスの提供だ。停止には、計画的な停止と緊急停止の2つの種類がある。完全停止サービスというのは非常に複雑なサービスであり、配管修理・交換、バルブとポンプの修理、導管の修理・交換、制御システムの点検などを行う。この作業にはコストがかかり、工場を1週間以上停止しなければならないケースもある。

セガースは、この作業に対する要望が多くあり、しかも非常に収益性の高いサービスであることを認識していたのだ。

ソノコの例「既存顧客から新たな収益機会を見つける」――既存顧客の別の部門に収益性の高い事業機会を見出すと、収益性をさらに高めることができる。どの企業もこのような機会を見つけたいと思っているが、組織的に計画・奨励することに努めている企業はほとんどない。では、どのように取り組んだらよいのだろうか?

ソノコは、毎年2桁の持続的な収益成長率を目標に掲げたプログラムを計画した。このプログラムを主導・監視するため、各事業部門の法人顧客責任者12名で構成される委員会を設立した。

委員会が支援した取り組みの1つに、事業部門の販売を促進することを目的としたユニバーサル・ソノコ・ナイト(USN)がある。USNは、午後、夜、そして翌朝まで続く。

アメリカ各地で開催された6回のUSNには、戦略・事業開発担当で副社長でもあるエディー・スミスを筆頭に、委員会のメンバーも参加した。夜になると見本市が開かれ、各事業部門の代表が、それぞれの部門の基本知識や製品に関する情報を営業担当者に説明した。

また、各営業担当者には、他のソノコ製品に対する顧客のニーズを見極める方法、潜在的機会が発生するタイミング、収集した情報を適切な事業部門の担当者に伝える方法について詳しく解説した資料

（ブループリント）が提供される。この担当者が窓口となり、受け取った情報を営業担当者や製品専門家に送るかどうかを判断する。

さらに営業担当者は、抱き合わせ販売やソリューション販売に着手するかどうかを決定する。USNの開催中、ソノコの経営陣は、営業担当者の懸念材料に取り組む――「なぜ現在の顧客との関係を犠牲にしてまで、実現するとも限らない他の業務を進めなければならないのか？」。スミスは、「ソノコの多様な製品ポートフォリオを活用してソリューションを販売することは、犠牲ではなく顧客との関係強化につながる」と、営業担当者たちに強く主張した。

委員会は、魅力のある金銭的インセンティブも提供した。

製品専門家と協力して契約を獲得した営業担当者には、最初の12カ月間の売上収益の1％――年間インセンティブ報酬の50％を上限とする――が与えられる。

この制度の魅力は、営業担当者は何件でも無制限に契約を結ぶことができ、取引機会を実現できたら、最大50％の年間インセンティブ報酬が得られる、という点にある。このインセンティブは、通常のインセンティブ報酬に追加して与えられ、しかも部門横断型のインセンティブ報酬であるため、部門ごとの予算の制約を受けることはない。

最終的に、営業担当者が別の事業部門の製品専門家のサポートを受けずに契約を結ぶことができたら（例えば、接着剤の営業担当者が段ボールの販売契約を結ぶことができたら）、その営業担当者は、最初の12カ月間の売上利益の2％——年間インセンティブ報酬の50％まで——が得られるのだ。

この取り組みが大成功を収めることは、誰の目にも明らかだった。

顧客のシェアを拡大する

取引構成を見直すと、価格感応度の低い製品やサービス、およびサプライヤー企業から現在購入しているものよりも利益率の高い製品やサービスを販売して、顧客の支払い意欲を高めることができる。

これに対して、顧客のシェアを拡大すると、顧客の要望をより多く満たしてサービス提供コストに注力することができ、製品やサービス1単位当たりの総コスト削減につながる。

サプライヤー企業は、ある顧客に現在提供している製品やサービスが、その顧客全体の購入量の何％にあたるのかを推測する必要がある。ＢｔｏＢ市場では、自社の市場シェアを推測している企業は多いが、「顧客シェア」を推測している企業はほとんどない。顧客シェアに注目すると、競合製品よりも自社製品を優れていると認識する顧客を特定し、差別化要因を究明することができるため、非常に効果的な戦略となる。

例えば、あるサプライヤー企業が市場シェアを20％獲得しているとする。しかし市場内のすべての顧客が、この企業から20％ずつ購入している可能性はきわめて低い。この企業の製品をまったく購入していない顧客もいれば、20％以上購入している顧客もいるはずだ。購入割合の多い顧客と少ない顧客の違いは、どこにあるのだろうか？　さらに、顧客の１００％のシェアを得るためには、どのように差別化を図ったらよいだろうか？

顧客が複数のロケーションで営業している場合、その地理的分布を理解すると、顧客に対する見解を深めることができるだろう。顧客が10カ所で工場を展開しているとしたら、各工場で求めている製品の何％を自社製品が占めているだろうか？

１種類の製品について調べてみるだけでも、顧客のロケーションによって購入する割合が大きく異なっているのがわかる（その製品を１００％購入している工場もあれば、まったく購入していない工場もあるかもしれない）。サプライヤー企業との取引高がロケーションごとに異なる場合、サービス提供コストと顧客の総保有コストも大きく異なる。

複数のシングル・ソース・サプライヤー戦略とは、顧客とサプライヤー企業がシングル・ソース・サプライヤー契約（訳注・１社のサプライヤー企業とだけ契約すること）のメリットを享受して、潜在的なデメリットを最小限に抑える、というコンセプトである。複数のシングル・ソース・サプライヤー戦略では、顧客の製造ネットワークの各工場は1社から製品を購入するが、ネットワーク全体では複数社から購入することになる。例えば、10カ所の工場を運営している顧客は、6カ所の工場と4カ所の工場でそれぞれ異なるサプライヤー企業のサービスを利用しており、両方のサプライヤー企業がお互いをバックアップしている。

契約の一環として、顧客は、プロセスや製品の改善をサプライヤー企業同士が共有することを求めることができる。さらに顧客は、それぞれのサプライヤー企業の改善状況を追跡し、それを今後の契約締結の判断基準にすることもできる。

顧客の要望や嗜好を深く理解するには、時間も資源も要する。そのためサプライヤー企業は、その顧客の取引シェアの大半を占めなければ割に合わない。

ところが、ベストプラクティス企業は、自社に適したシングル・ソース・サプライヤー戦略を進めている。セガースとミリケンの例を検証してみよう。

セガースの例「対象サービスの顧客シェアを獲得」――セガースは、顧客シェアを確保するため、顧客の収益性分析を参考にしている。同社は、顧客の要望を満たすシングル・ソース・サプライヤーになることを優先し、売上は多いが収益性の低い取引機会を追い求めないようにしている。

つまり、シングル・ソース・サプライヤーは、対象となる製品カテゴリーについてのみ顧客の100％シェアを目指し、他の製品カテゴリーについては注力しない。

例えば、セガースのある主要顧客が、既存の工場の隣（同じ敷地内）に新たな工場を建てた。ライバル社の多くは、新工場へのサービス提供機会を求め、従来の工場とは疎遠になった。ところがセガースは、これとは真逆の行動をとった。

それは、なぜだろうか？　従来の工場は収益性の高い大規模なメンテナンスサービスを必要としており、古い設備のことを熟知しているセガースは、メンテナンスサービスを提供することで他社と差別化した特色を打ち出すことができると考えたからだ。

それと同時に、セガースが収益分析を行ったところ、新工場では利益率の低いサービスしか必要ないことがわかった。というのも、新工場の最新設備は、メンテナンスや修理作業がほとんど必要ないからだ。しかも、多数のライバル社がこの設備のメンテナンスを行うことができるため、なりふり構わず低価格戦略を推し進めていたのだ。

その結果、セガースは、ライバル社が競争を繰り広げている新工場には注目せず、別の視点からアプローチして、従来の工場の100％シェアを獲得することができた。

ミリケンの例「顧客シェアを拡大」――2005年、ミリケンが座席製品を提供していたある大手自動車メーカーが、品質と配送の問題から市場シェアを落としてしまった。

ミリケンの営業マネジャーは価値計算機（Value Calculators）ツールを使用して、この自動車メーカーが製品を再設計し、在庫を減らし、期限通りに配送できるように、さまざまな独創的な解決策を考案した。

さらに、両社の主要メンバーで構成される共同チームを立ち上げて、最重要ニーズを理解して優先順位をつけ、価値創造と価値獲得を目指して責任を共有しようとした。

共同チームは、いくつもの解決策を打ち出した。在庫日数や期日配送など詳細な基準を作成し、目標達成の進捗状況を毎月監視した。明確で透明性の高い基準を定めたことは、共同チームが問題を解決する上でも役に立った。

5年間で在庫を66％削減し、5年連続で100％の期日配送を実現した。市場シェアは10％アップし、総保有コストは15％以上削減された。

顧客はミリケンの新しいサプライチェーンプロセスに非常に満足したため、優れた価値の提供と引き換えに、ミリケンはシングル・ソース・サプライヤーになることができた。

価値の浪費や損失を削減する

価値の浪費や損失を特定してそれを削減すると、サプライヤー企業だけでなく、顧客の収益性の向上も期待できる。

サプライヤー企業と顧客の事業の進め方を変えると、両者のコスト削減につながるか、あるいは、一方のコストが増大しても他方のコストが大幅に削減されて相殺できる。後者のケースでは、多くのサプライヤー企業と顧客は、改革へのインセンティブとしてコスト削減額を共有しようとするため、両者にとってプラスになる。

価値の浪費や損失を特定してそれを排除できると、両者間の協力体制もさらに促進される。価値の浪費や損失を明らかにするには、顧客価値評価と活動基準原価計算（Activity-Based Costing）が大いに役立つ。

イーストマンケミカルの例「価値の浪費を特定・排除」――化学製品、プラスチック、繊維の大手メーカーであるイーストマンケミカルは、価値の浪費を特定してそれを排除することに成功した。

同社は、大手顔料メーカーに有機化学反応中間体を提供していたが、顧客が満足できる価格を提示できていなかった。価値提供とプロセス分析のスキルを身につけていた営業担当者は、顧客の生産プロセスを調べて、コスト削減の可能性を探ることを提案した。

この調査によって、価値の浪費が明らかになった。イーストマンケミカルは、生産プロセスの最終段階で製品から水分を取り除いていた——これは従来からのやり方だ——が、顧客はプロセスの第1段階で製品に水分を加えていたのだ。

この価値の浪費に注目したイーストマンケミカルは、生産プロセスを変更してこのステップを取り除いた。その結果、生産能力は大幅にアップし、同じようなプロセスを踏んでいる他の顧客のプロセス変更のモデルも作成した。

イーストマンケミカルは、収益性をアップさせただけでなく、コスト削減分を価格に上乗せすることもできたのである。

タタ・スチールの例「価値の浪費と損失を特定・排除」——インドの大手鉄鋼メーカーであるタタ・スチールは、顧客価値管理（CVM：Customer Value Management）プロセスによって、関係性を重視する戦略的な顧客の価値の浪費と損失を特定し、それを排除することに取り組んだ。CVMの開始以来、タタと顧客間のバリューチェーンでコストが大幅に削減され、顧客との取引も増大した。

顧客とタタとの関係は、敵対関係から相互協力関係へと劇的に転換した。ＣＶＭによって関係が強化されると、顧客は、価値の浪費や損失の可能性について、さまざまなアイデアを出すようになった。

これは、実に素晴らしい成果だった。賢明な顧客の経営陣は、こんな風に考えるだろう。

「我が社をサポートしてくれているのに、タタはなぜ赤字を出しているのか？　我が社のコスト削減をタタがサポートして、それと同時にタタの収益も増える方法を考えよう」

銅管製品でも価値の浪費が見られた。タタは、１６００キロ以上離れた場所にあるボイラーメーカーに銅管を提供していた。顧客の工場までの運送中に錆を防ぐため、銅管には特殊油脂加工が施されていた。ところが、なぜか顧客は、油脂表面を洗浄してから工場で錆を取っていたのだ。

ＣＶＭ評価で明らかになったのだが、銅管にほんのわずかでも錆がついていると、コイル型ボイラーの製造中に銅管とボビンドラムの間に摩擦が生じてしまう。タタでの油脂加工プロセスと顧客での洗浄プロセスを取り除くと、両者が満足できるメリットが得られる。

その結果、顧客は1トンあたり30～40ドルのコストを削減でき、タタは油脂加工プロセスのコストを削減できた。

またタタは、鉄筋を購入する建設業者に対して、重い棒鋼を長さ12メートルの真っすぐな形状で発送していた。この業者は、10メートルや11メートルなど別の長さの棒鋼も必要であったため、12メートルの固定長の製品を購入すると12～16％の損失が生じていたのだ。

両者の取引関係は、自由かつ公正であった。協力してCVMを実施し、タタの販売マネジャーと顧客の代表者は価値の損失を見つけることができた。両者は、タタの工場で筒状にして顧客の要望に合った長さに切断し、すぐに使用できる状態で顧客に発送するほうがいい、と判断した。

タタと顧客は、特注の長さで生産することでタタ側に発生する追加コストと、それを購入することで顧客側が削減できる加工・廃棄コストを算出した。その後、特注によるタタのコスト増を補いつつ、顧客のコストを大幅に削減できる価格プレミアムに合意することができた。

大幅なコスト削減によって顧客は満足し、追加コストを「十分に」上回る利益をタタは得ることができたのだ。


2002年、CVMを開始する前は、ある事業分野における顧客の上位16社はタタの収益の15％しか占めていなかった。ところが、2005年には、これらの16社は35％を占めるまでになっていた。

シェアが著しく増大した要因は、これらの顧客が新製品を開発する際に、他社からタタに切り替えてシェアが拡大したこと、さらにはインド国内でタタが成長したため、顧客の要望も増えたことにある。

最終的に、タタはこれらの顧客に上質の特注製品を提供することでライバル社との差別化を図り、顧客の収益性アップにも大いに貢献することができた。

クエーカー・ケミカルの例「価値の損失を特定・排除」——クエーカー・ケミカルでは、顧客と良好な関係を築き、自社と顧客の両方に付加価値とベネフィットをもたらすプロジェクトを実施する、という基本戦略を掲げている。

この戦略に伴い、同社は、化学管理プログラムという素晴らしいアプローチを実践している。クエーカー・ケミカルの社員が顧客の製造現場で働き、化学工程に関連するあらゆる活動を行うのだ。クエーカー・ケミカルの社員が現場にいると、顧客は、生産性、品質、化学品の使用と廃棄について付加価値を得ることができる。クエーカー・ケミカルが、ある大手鉄鋼会社の価値の損失を特定・排除した例を紹介したい。

顧客の圧延工場では、仕様を満たしていない製品の年間総コストが13万4000ドルにのぼっていた。それだけでなく、鋼板の生産において、品質の問題も抱えていた。クエーカー・ケミカルの専門知識を信用した顧客は、協力してこの問題に取り組んでほしいと提案した。

第1ステップとして、クエーカー・ケミカルは、総加工コストと最新の圧延について、顧客に理解させようとした。そこで、改善されたテスト方法に関する知識を伝え、さまざまな調査プログラムによって高度な圧延技術を顧客に教育し、現在の冷間圧延油の基本的な総コストを明確にした。

第2ステップでは、鉄の加工に使用する冷間圧延油の品質のアップグレードを提案した。このアップグレード提案によって、コーティングされていない製品の錆と小さい穴の問題——価値の損失——を解決することが期待された。さらに、生産性やコスト削減など、圧延加工の別の側面も改善することが期待された。そこで両者は契約を見直し、期待される成果をどのように共有するかを明確にした。

改定した契約では、鉄鋼会社は、生産された鉄の重量に基づいてクエーカー・ケミカルに支払うことが定められた。鉄鋼会社は、発生したベネフィットの80%、クエーカー・ケミカルは残りの20%を得ることができる。また、鉄鋼会社は、鋼板コイルの生産率の向上によって実現した価値を保持できることも定められた。

また、顧客にとっては異例の5年契約を結んだ。5年というのは、両者が長期にわたって必要な資源を投じ、業績を改善するために必要な期間だった。

5年間で、アップグレード計画は約300万ドルの「ハードダラー（訳注・現金でのサービス対価）」を達成し、当初の期待を大きく上回った。さらに、品質、プロセスや用途、労働条件やメンテナンス、工場の清潔度の改善など、コストに関連する重要な分野で、相当な「ソフトダラー（訳注・現金以外でのサービス対価）」を生み出した。

具体的には、処理能力の2％改善、潤滑能力の向上、圧延潤滑油消費量の35％削減、（非塗装製品の穴や錆などによる）基準以下製品の生産削減などが実現された。圧延中の鉄粒子の生成量も削減され、その結果、作業工程を変更せずに、油の消費量を削減することができ、別の価値損失の削減にも結び付いた。

圧延油製品の売上が35％も減少したにもかかわらず、クエーカー・ケミカルは収益を維持することができた。なぜなら、従来のように1ガロンあたりの製品売上に基づいて支払われるのではなく、鋼板の生産重量に基づいて支払われたからだ。

顧客の圧延油の使用量が減少したため、クエーカー・ケミカルの圧延油は単価が75％増大した。この増大によって、クエーカー・ケミカルは、原料費の増大、そしてプロセス改善に要した労働力を相殺することができた。コスト増大を相殺できただけでなく、支払い条件によって総利益を10％増大させることができた。

このように、協力して価値の損失を特定・排除することで、クエーカー・ケミカルも顧客も収益性を大幅にアップさせることができたのである。

収益性を考慮した価格設定

ＢｔｏＢ市場のサプライヤー企業は、その製品やサービスの価格をどのように設定しているのだろうか？

価格設定のエキスパートであるハーマン・サイモンによると、「多くの企業では、直観、経験則、独断、経営陣の知恵、社内の権力闘争などで価格が決まる」という（注釈2）。

これは、ＢｔｏＢ市場での価格設定にも当てはまる。優れた価格設定能力があると収益性に大きな影響を及ぼすのだが、不思議なことに、ＢｔｏＢ市場で価格設定能力を体系的に利用している企業はほとんどない（注釈3）。

ＢｔｏＢ市場では、自社のコストや競合製品の価格に基づいて価格を設定するサプライヤー企業は多いのだが、価値に基づいて価格を設定する方法にも目を向けるべきだ。さらに、戦略レベル、戦術レベル、そして取引レベルでの価格設定を検討する必要がある。

これらの方法は、いずれも収益性に大きな影響を及ぼす。

価値に基づく価格設定

私たちは、「製品やサービスの価値に基づいて価格を設定するべきだ」という方針を掲げている。そこで、第２章で紹介した「基本的な価値方程式」について掘り下げていきたい。

（価値ｆ－価格ｆ）＞（価値ａ－価格ａ）（方程式７－１）

価値ｆと価格ｆは自社製品（製品ｆ）、価値ａと価格ａは競合製品（製品ａ）の価値と価格を表す。この方程式を並び替えると、顧客が製品を選ぶ際の考え方を理解することができる。

価値ｆ－価値ａ＞価格ｆ－価格ａ　（方程式７－２）

価値分析（または価値評価）については、比較ベースで行うことが多い。この方法では、２つの製品の性能と総コストの差が明らかになる。これらの差を金銭に換算して表すと、（価値ｆ－価値ａ）が得られる。方程式７－２は、顧客のマネジャーの疑問――「自社にとって、２つの製品の価値はどれほど違うか。この価値の違いと価格の違いをどのように比較したらよいか?」——に答えており、これに基づいてマネジャーは2つの製品のどちらかを選ぶ。

ただし、価値f、価値a、価格aは、製品fの選択を主張する具体的な価格を示していない。そこで、方程式7－2をさらに並べ替えて、価格fを方程式の左辺に移動すると、次の方程式が得られる。

価格f＜価格a＋(価値f－価値a)(方程式7－3)

価格aが既知だとすると(通常、調査によって明らかになる)、方程式7－3から、企業が請求でき、なおかつ格差を維持できる妥当な価格帯が明らかになる。また方程式7－3から、もう1つの見解が明らかになる。

それは、(価値f－価値a)がゼロ(汎用的な製品の定義)、または未知であるためゼロだとみなされる場合、顧客との販売交渉は価格を中心に展開される。これらの2つの見解のいずれかが事実なら、競争に基づく価格設定は、価値に基づく価格設定の特別ケースであることがわかる。

図7-3_戦略ベースの価格設定

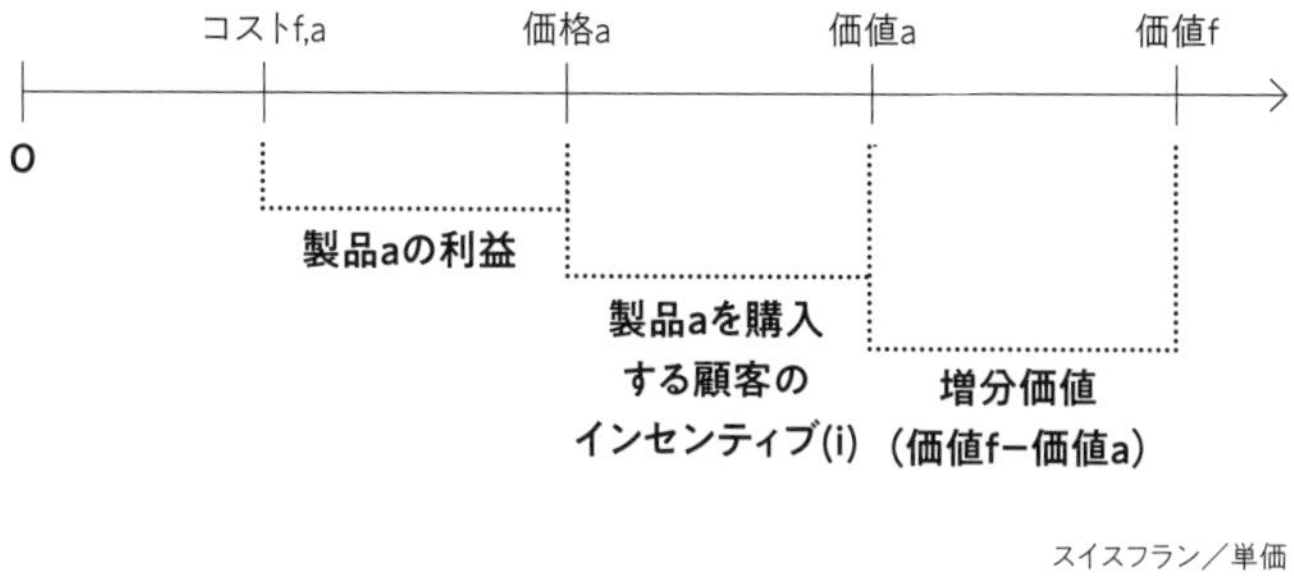

戦略ベースの価格設定

価値に基づく価格設定戦略についての理解を深めるため、図7－3を検証していきたい。ここではスイスフランで一連の価値を説明する。また、簡潔に説明するため（ただし、一般的概念は維持する）、製品ｆと製品ａのコストは同じだと仮定する。

価格ａとコストａの差から、製品ａの利益が明らかになる。また、価値ａと価格ａの差は、顧客が製品ａを購入するインセンティブを左右する。

ＢｔｏＢ市場では、提供される価値は価格を上回ることが期待されるが、逆に言うと、下回る場合は、顧客はその製品に興味を示さない。

価値ｆと価値ａの差は、製品ｆが製品ａを上回る価値を示している。この増分価値の何割を利益として保持し、何割を購入インセンティブとして顧客と共有するかは、戦略的に判断される。企業は、その市場区分に対する戦略に基づいて、判断しなければならない。

つまり、企業は「何を目指しているのか」を考える必要がある。「売上を伸ばしたい」というあいまいな目標では、市場戦略としては十分とは言い難い。例えば、「アップグレードした同種の製品ではなく、次世代の新たな製品を購入してもらいたい」という明確な市場戦略を打ち立てる必要があるのだ。

市場戦略を策定したら、企業は、その市場戦略を達成するための**マーケティング戦略**を策定する。その要素の1つが価格設定戦略だ。価格設定戦略は、一定の価格帯の中での製品のポジションを定めることと、価格帯自体とその中での相対的ポジションを変える方法に注目している。実は、増分価値を顧客と共有することで、サプライヤー企業は顧客価値を創造していることになるのだ。

価格fを価値aに設定するとしよう。この場合、すべての増分価値は製品fを購入する顧客のインセンティブとなり、企業の取り分となる利益はあまり多くない。これに対して価格fを価値fに近づけると、方程式7-1の格差を維持するには、わずかな購入インセンティブしか顧客に提供できない。

前者は**市場浸透価格戦略**と呼ばれる。企業は、単価あたりの利益を低くして大量に製品を販売することで、全体の利益を大きくしようとする。これに対して、後者は**上層吸収価格戦略**と呼ばれている。企業は、少量の製品しか販売しないが、単価あたりの利益を高くすることで、全体の利益を大きくしようとする。

数々の根拠から、上層吸収価格戦略よりも市場浸透価格戦略を優先するべきだ、と言うことができる。例えば、市場規模、成長予測、学習効果（経験曲線や市場知識など）、ライバル社の反応、価値提案の実証方法などの理由が挙げられる。ただし、基本的に、価格設定戦略とは各市場セグメントに対する事業部門の市場戦略の1つだと理解していただきたい。

さらに、価格設定戦略を選択する際には、製品について重視する価値は見込み客によってそれぞれ異なり、しかも時間が経つと変わる可能性があることも考慮しなければならない。

そのため、概念上は、価値fと価値aは、方程式7－1と図7－3の点で推定されるが、1社の見込み客についてではなく市場セグメント全体に範囲を広げて考えてみると、これらの点は、市場内のすべての見込み客についての値分布の平均として推定されている。ただ、分布していると仮定して個別の企業で考えてみたが、結論は同じだった。

戦術ベースの価格設定

戦略ベースの価格設定とは対照的に、戦術ベースの価格設定では、既存の価格帯におけるサプライヤー企業のポジション変更（おそらく一時的に）に注目する。

通常は、顧客からの注文を獲得するため、企業は最終的な交渉の局面で、値引き、払い戻し、値下げ、手当など、さまざまな戦術を提案する。

例えば、「初回」割引の戦術を用いることがある——請求書には値下げ価格が表示される。これは、顧客が製品やサービスを乗り換える誘因となり、顧客の乗り換え手数料を補うことができる。初回割引の戦術を利用すると、製品の価値に対する公正な価格を顧客に暗に示すことができる——つまり顧客は、次回以降の購入では、その金額を支払うことを覚悟しなければならない。初回割引の別の形態である下取り割引では、顧客は、使用中の機器や未使用の消耗品と引き換えに、新たなサプライヤー企業から割引を受ける。

一般に、サプライヤー企業は、多数の戦術を駆使して価格を設定する。

早期支払い割引では、一定期間内に支払いを行った顧客に対して、一定の割引を提供する。大口割引では、大量に注文した顧客に対して、製品の単価を安くする。運送手当というのは、顧客の輸送・配送料を補完する値引きのこと。また、ペイバックや優待は、一定期間内の顧客の購入高に基づいて、報酬として無料で製品やサービスを追加提供したり、現金を割り戻したりするプログラムである。

値引きの代わりに、諸条件の中に「誘因」を織り込むこともできる。
例えば、配送する時間や場所、支払い期日、返品制度、保証制度、設置・導入サービスなど、顧客にとって魅力的な条件を提示する。また、支払い期日の延長サービスを提供する、というのも価格設定戦術の1つである。

価格設定の戦術としてペイバックや優待サービスを実施する際、自制心を持って毅然として行動すると、手堅く、一貫性があり、公平な企業だという評判を得ることができる。

そのためには、顧客の行動がサプライヤー企業にとってプラスになる場合のみ、値引きを提示するのが望ましい。何の脈絡もなく値引きや優待を提供すると、ただサービスを与えるだけになってしまう。

例えば、一定の期日までにトラック1台分の注文をした顧客に限り、運送手当を提供する。すると、サプライヤー企業は物流・配送コストを抑えることができる。既定の注文量や期日を満たしていない顧客は、運送手当を受けることはできない。サプライヤー企業は、この条件に例外を認めず、厳格に従わなければならない。

取引ベースの価格設定

最後に、取引ベースの価格設定では、1件ごとの注文について最も適正な価格を提供することに注目する。戦略ベースでも戦術ベースでも取引ベースでも、規律を保って厳格に価格を設定する必要はあるが、特に取引ベースでは重要だ。

そのため経営陣は、取引ごとに価格設定を監視し、それぞれの注文について最も適正な価格を提供することに注力しなければならない。マネジャーは、取引価格を見れば、企業の価格設定の戦略や戦術がどの程度効果的であったかがわかるはずだ。

取引ベースでの価格設定を管理することが、いかに重要であるかを理解してほしい。

例えば、販売量が1％増えても営業利益はわずか3・3％しか増えないが、販売量が減らないと仮定した上で価格を1％引き上げると、営業利益は11％も上昇するのだ（注釈4）。

価格設定の戦略や戦術を実施する上での課題は、取引の何％が自社の価格体系方針に従っているかを調べてみるとよくわかる。まず、経営陣にインタビューをして、事業部門の価格設定の戦略と戦術を明らかにする。次に、伝票をランダムに調べ、価格体系に従っている取引と従っていない取引の割合（％）をそれぞれ明らかにする。例えば、ある多国籍企業の事業部門で、伝票の67％が価格体系に従っていないことがわかった。

その後、この事業部門はどうなっただろうか？

まず、この部門には6人のマネジャーが在籍していたが、本来の業務の他に、現場の営業担当者からの「例外」の価格設定要請を認めるかどうかの判断に、多くの時間を割かなければならなくなった。

次に、「特別」承認の価格設定が、会計担当者に十分に伝わっていなかったため、伝票の正確性が損なわれるようになった。さらに、伝票を照合しなければならない案件が増え、コストがかさみ、顧客の不満も大きくなった。

最終的に、規律に欠けていたため、有利に価格交渉できるという評判が市場に広まってしまった——その結果、顧客が値引きを強要したり、融通の利きそうな相手に交渉したりするようになった。

このように、営業担当者ではなく経営陣に対する要請が増え、ほぼ必ず値引きすることになってしまったのだ。


企業は、3段階のコンセプトで、取引ごとの価格を管理することができる。

第1に、**ポケット・プライス・ウォーターフォール**——特定の取引について顧客が得るあらゆる条件、割引、ペイバック、インセンティブ、優待——を明らかにする。

次に、基準価格からウォーターフォール（訳注・収入の漏れとなる要素）を差し引いて、**ポケット・プライス**を導き出す。これは、取引によって実際に計上される収入（訳注・実際に懐に入る収入）のことを指す。

そして最後に、**ポケット・プライス・バンド**――ある製品について顧客に提供するすべてのポケット・プライスの分布――を明確にする。この分布の幅と形状は、価格設定の一貫性を表す。

ポケット・プライス・バンドをさらに分析すると、どの顧客セグメントが最大の割引を得ているか、もっと高い価格を払ってもよいと考える顧客はいるか、現場の営業担当者は価格設定の権限を適切に行使しているか、ということも明らかになる。

経営陣は、ポケット・プライス・バンドとポケット・プライス・ウォーターフォールの情報を利用して、収益性改善を図ることができるのだ。

まず、プライス・バンドの「テール（端の部分）」に注目する。つまり、より協力的な関係を求めて、分布のハイエンド顧客に対象を絞る。具体的には、付加価値サービスを提供して、このセグメント内の購入量を増やすように努める。ロイヤルティプログラムを実施するのも一案だ。その場合、各取引について追加の価値を対象顧客に提供し、関係性を築いてそれを維持する。また、年度末にペイバックや優待を提供して、購入増に結び付けることもできる。

これと同時に、プライス・バンドの低い方の端にも注目し、取引重視の関係を築くことでこの顧客層を管理する。例えば、ある企業は、販売高と利益への貢献度が高い顧客にのみ、最大5％の特別割引を適用した（注釈5）。

そして最終ステップとして、ポケット・プライス・ウォーターフォールを再設計する。そのために、顧客にとっての価格設定要素の重要性と、自社の収益性に及ぼす影響を調べる。場合によっては、顧客への特典の提供方法を変えることもある。例えば、顧客があまり重視していない価格要素（共同広告への協賛金など）から、顧客の注目度が高い価格要素（年度末のペイバックなど）へと、特典をシフトさせる。

サイアムシティ・セメントの価格設定戦略

ＢｔｏＢ市場の企業は、価値に基づく価格設定をどのように実施しているだろうか？サイアムシティ・セメントの例を見ていきたい。サイアムシティ・セメントは、世界最大のセメント会社の1つであるスイスのホルシムの子会社であり、タイを拠点として活動している（注釈6）。

同社は、タイで多目的に使用されている一般的なセメントがしっくい塗りに適していないことに注目した。硬度が高いため、壁の仕上げに向かないのだ。ひびが入り、後日になって修理や再作業が必要になり、コストもかさむ。

そこで、INSEE Tongというブランドで、特殊なメーソンリー・セメントを開発した。このセメントを使用すると、仕上げが美しく、表面が滑らかになり、ひびもほとんど入らない――多くの建設業者や土地開発業者は、この要素を重視していた。加工しやすく、速く塗布でき、作業員の肌にも優しい。それだけでなく、二酸化炭素の排出量も削減され、エネルギー消費も抑えられる。

3つの影響要因――建設業者・開発業者、作業員、環境――はどれも重要だったが、セメントの使用を実際に決定するのは、建設業者だった。INSEE Tongのメーソンリー・セメントを使用すると、建設業者は、多用途セメントよりもコストを29%削減できる。そこで、3つのデータからコスト削減を文書化した。

1つ目に、INSEE Tongは追加ミキサーが不要であり、塗布範囲が10%増大するため、材料費を2・4%削減できる。2つ目に、素早く塗布できるため、コストを2・2%削減できる。そして3つ目に、修理作業が不要になるため24・4%のコスト削減につながる。

多用途セメントの価格は40キロ袋あたり90タイバーツであるが、INSEE Tongの価格をいくらに設定したらよいのだろうか。

上層吸収価格戦略を採用すると、多用途セメントよりも約29%高い116タイバーツとなる。INSEE

Tongは優れたメリット（肌に優しい、滑らかな表面など）を顧客に提供できるのだが、この高価格では、残念ながら顧客はセメントの購入先を迷うことなどないだろう。

これに対して、市場浸透価格戦略を採用すると、90バーツ近くに価格を設定でき、すべての増分価値は建設業者の購入インセンティブとなる。そこで、INSEE Tongの生産コストが多用途セメントよりも安いことを考え、積極的な戦略として市場浸透価格戦略をとることにした。

価格は、多用途セメントに10％のプレミアムを上乗せした99バーツ。建設業者はほぼ20％のコストを削減でき、これは製品の乗り換えを売り込む大きなポイントになった。

高価格のポジショニング戦略を明確にするため、製品のパッケージに工夫を凝らし、プラスチックシートの容器で、見た目の斬新さと運びやすさを訴えた。

さらに、広告宣伝でも新たな手法を採り入れた。機能性だけを主張するのではなく、感情にも訴えたのだ。耐久性や強度ではなく、壁に塗ったときの表面の滑らかさに注目してもらおうとした。セメントの広告では初めてnian（タイ語で「滑らか」という意味）という表現を用いた。女性が足にセメントパウダーを塗っている画像を用いて、ベビーパウダーを想像させようとしたのだ。

重要なのは、サイアムシティ・セメントの従業員がINSEE Tongのコンセプトを明確に理解し、製品の価値を認識することだった。

そのため、マネジメントチーム、営業担当者、技術サポートスタッフも、INSEE Tongの製品研修への参加が義務付けられた。製品の優れた価値を自信を持って売り込むことができるように、研修では、壁にINSEE Tongとライバル社の多用途セメントを塗布した。

INSEE Tongを紹介するマーケティングプログラムでは、価格に敏感な市場で、価値に基づくストーリーを強化しなければならなかった。「キロあたりの価格や1袋あたりの価格」という従来の考え方から、「1平方メートルあたりのコスト」という新たな考え方に顧客の意識を変えなければならなかった。さらに、INSEE Tongを使用することによるコスト削減を経験してもらい、80年にわたって業界で確立されていた多用途セメントの使用を切り替えさせる必要があった。

これらの目的を果たすため、サイアムシティ・セメントは、建設中の高級建築物の塗装用として、ある大手不動産開発会社に対して、15トンのINSEE Tongを100%の初回割引で提供した（つまり、無料提供したのだ）。開発会社は、あらゆるコスト削減額を計算し、その後、INSEE Tongの導入顧客第1号となった。さらには、他の開発会社のリファレンス顧客になった。

最も要件の厳しい開発会社がINSEE Tongを採用したため、見込み客向けに、対象市場の参考プロジェクトのリストを作成した。重要プロジェクトに注力した初期段階で、この戦略は顧客に買いたいと思わせる「プル」効果を生み出すことができた——開発会社に INSEE Tong の使用を指定してもらい、ゼネコンを取り込むことができたのだ。

また、サイアムシティ・セメントは、INSEE Tong の再販業者も価格設定戦略・戦術に従うように、さまざまな策を講じた（訳注・ただし、日本では独占禁止法で禁じられている）。まず、プレミアム製品として販売する再販業者にのみ、製品販売を許可した。そこで、同社がプレミアム価格と追加チャネルマージンを特に重視していることを再販業者に伝えた。

ところが早い段階で、ある再販業者がこの価格設定に従わず、競合製品に対抗した安い価格でINSEE Tong を販売してしまった。サイアムシティ・セメントは断固とした態度をとり、この再販業者への INSEE Tong の供給をストップした。再販業者は動揺を隠せなかったが、サイアムシティ・セメントは、製品をプレミアム価格で販売して1袋あたりの高い利益率を確保することを再販業者に同意させ、その1カ月後にやっと提供を再開した。

INSEE Tong の発売から6カ月間、サイアムシティ・セメントの営業担当者は、それぞれの担当地域内の住宅開発プロジェクトに定期的に足を運び、製品の性能と卸売価格をチェックした。現場でのINSEE Tongの成果と、合意した価格で再販業者が販売しているかどうかについて、営業担当者は会社に報告した。

99バーツを下回る価格で販売している再販業者がいると、迅速に対応した。中には、INSEE Tongの優れた価値を理解して、小売価格を多少上回る価格で販売している再販業者がいることもわかった。高い価格で目標売上を達成した再販業者には報酬を与えた。

INSEE Tongが発売されたのは2003年3月だった。競合する2社がメーソンリー・セメントを低価格で販売したにもかかわらず、2003年のINSEE Tongの総売上高は17万トンであった。さらに2004年には、メーソンリー・セメントの市場は55万トンに成長し、INSEE Tongは50%のシェアを確保した。2005年と2006年には、メーソンリー・セメントの市場はそれぞれ63万トンと73万トンに拡大し、INSEE Tongはほぼ50%のシェアを維持した。

ライバル社が市場シェアを獲得するために価格戦略を採ったことで、この2年間でメーソンリー・セメントの価格は低下した。それでも、INSEE Tongは、ライバル社のメーソンリー・セメントだけでなく、多用途セメントを上回る価格プレミアムを維持したのである。

第8章

BtoB市場での成功

バリューマーチャントになる

経験豊富なゼネラルマネジャー、マーケティング担当副社長、販売担当副社長は、現在のＢｔｏＢ市場で成功を収めることが、いかに難しいかをよく知っている。さらに、自社が好調に売上を伸ばし、業界内のライバル社よりも高い収益をあげることができても、その成功を長期にわたって維持するのはもっと難しい。

ＢｔｏＢ市場で成功できるかどうかは、顧客価値管理（Customer Value Management）が大きく影響する。顧客価値管理を構成するプロセスを、図８－１にもう一度示しておく。

最後の章では、顧客価値管理が業績に及ぼす影響について、例を交えながら説明していく。次に、顧客価値管理の実践方法について検討する。そして最後に、優れた価値を顧客に提供し続け、そこから利益を得る方法を考えていく。

好業績を達成する

顧客価値管理は、２つの側面から業績に貢献する。

１つ目は、組織的に顧客価値管理を実施することで、顧客が重視する製品やサービスは変化することを理解できるようになること。２つ目は、製品やサービスの優れた価値を実証・文書化することで、顧

図8-1_顧客価値管理のプロセス

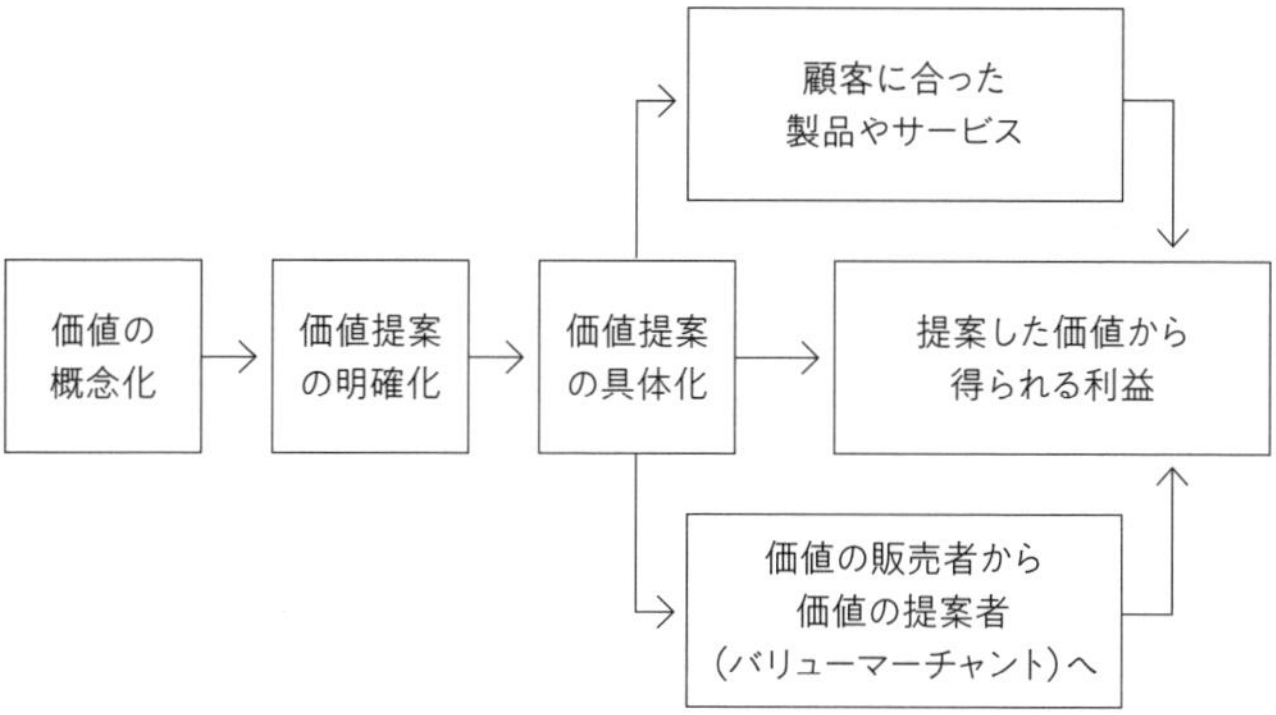

客価値管理からよりよいリターンが得られるようになる点だ。

とはいうものの、顧客価値管理は万能薬ではなく、いくら優れた顧客価値管理を実施しても、好業績が保証されるわけではない。

顧客価値管理は、専門的な能力を実行可能にする要素であって、専門的な能力の代わりにはならない。例えば、製品やサービスに手を加えてその価値を向上させようと考えても、顧客が重視する製品やサービスを創造・生産する技術的能力がなければ、それを実現できない。

同様に、顧客価値管理は、優れた実施能力を実行可能にする要素であって、実施能力の代わりにはならない。例えば、顧客が追加で支払ってもよいと思えるサービスを見つけても、それを継続的に提供できなければ、あるいは顧客がそれを必要としなくなったら、何の役にも立たない。

好業績が顧客価値管理によるものだということは、2つの成功基準から証明できる。1つ目は、顧客のシェア、企業の収益性、市場シェア、市場セグメントの財務業績など、事業部門にとって明確な市場実績だ。2つ目は、売上の伸びや利益率など、企業の業績基準である。

事業部門の市場実績

事業部門の市場実績は、顧客価値管理による好業績の証拠としてとても有益である。それはなぜだろうか？

大規模企業では、他の事業部門が顧客価値管理を実施していない可能性があるため、特定の事業部門の実績は、成功の最も直接的な証拠となる。また、株式非公開の企業では、業績評価を公表しないこともある。

表8-1は、これまでの章で証拠として紹介してきた市場実績を一覧にしたものである。これらの他に、株式非公開企業であるコンポジット・ワンやアクゾノーベルも、優れた市場実績を残している。コンポジット・ワンは、総利益率を13％から16％に伸ばした。これは、業界の競合他社と比べ、金額としても成長率としても非常に優れた実績である。

アクゾノーベルの高分子化学事業部は、価格プレミアムを維持しつつ、35％の収益成長率を実現した。

表8-1_好業績の証拠:本書で紹介した市場実績

企業名	市場実績	章
インターグラフ	業界の年間収益成長率10~12%に対し、35%の成長率を計上。業界の利益率14~16%に対し、26%の利益率を達成	2章
大手樹脂メーカー	従来製品よりも4割高い価格プレミアムで新製品を販売	4章
オレンジ・オルカ	Transplastポリマー(製品名)1トンあたり、より高い価格で契約を締結	4章
ロックウェル・オートメーション	32基の「スクリュードライブ」ポンプソリューションの注文を獲得	4章
グレンジャー	ファーマ・ラボへの売上が7倍(5万ドルから35万ドル)に増大し、翌年はほぼ倍の65万ドルを計上	4章
アクゾノーベル・インダストリアルコーティングス	初めは顧客が減少してしまったが、売上を安定させながら収益性を大幅に改善	5章
ダウ・コーニングとザイアメター	ザイアメターの設立後、ダウ・コーニングの売上高は大幅に増大(2001年の24億から2005年の39億ドル)し、収益性も拡大(2001年の2,800万ドルの損失計上から2005年の5億ドルの利益計上)	5章
SKF	より多くの製品を販売して、成約率が50~60%アップ	6章
インターグラフ	中東の有力企業であるアラムコと新規契約し、別の大手企業のサビックとの契約に結び付けた	6章
ミリケン	5年間で記録的な増収を達成し、営業利益も大幅増大	6章
ソノコの工業製品部門	RainGuard®テクノロジーを使用したSonotube®は、一般的な競合製品よりも20%高い価格プレミアム、従来のSonotube®よりも5%高い価格プレミアムを得ることができ、売上も16%増大	7章
セガース	従来の工場の100%シェアを獲得し、魅力に欠ける新工場との取引はライバル社に譲った	7章
ミリケンの高性能製品部門	総保有コストの大幅削減と引き換えに、ミリケンは顧客の一社購入先となり、顧客の市場シェア拡大によってリターンを得ることができた	7章
イーストマンケミカル	価値の浪費を特定・排除して収益性をアップさせ、削減分を値上げというかたちで転嫁	7章
タタ	あるケースでは、プロセスの1ステップを排除することでコストを削減。別のケースでは、特注によるタタのコスト増を補い、顧客のコスト削減を実現できる価格プレミアムを確保	7章
クエーカー・ケミカル	製品単価が75%増大し、総利益も10%増大	7章
サイアムシティ・セメント	ライバル社が値下げをしたにもかかわらず、INSEE Tongはプレミアム価格で成長市場の市場シェア50%を確保	7章

これは業界標準の15％と比べてきわめて優れた成果である。

企業の業績基準

顧客価値管理が企業の業績に貢献した証拠を示すのは、もっと難しい。

本書では、大規模な多角化企業の例を多数紹介してきたが、これらの企業から得られる財務情報はあまりに一般的すぎて、業績に関する具体的な見解を引き出すことはできない。

さらに、財務情報は、計上を目的とする場合には有効であるが、マーケティングや販売にはあまり関係ない項目（リース契約条件、減価償却、吸収・合併、課税など）が多く含まれている。そのため、最終損益の数字には、顧客価値管理の貢献度が反映されないケースが多い。

理想的には、事業部門からの財務情報や、製品やサービスから得られた顧客セグメントごとの経営上の財務情報を活用し、好業績に対する顧客価値管理の影響を正確に評価するのが望ましい。ただし、所有権上の問題から、当然、企業はこういった情報を公表したがらない。

そのため、顧客価値管理の貢献度の証拠となる業績基準を紹介したいのだが、あまり多くは紹介できない。比較的小規模の企業、または特定の分野に注力している企業のケースは、この証拠として最適である。業界平均と比較しながら、これらの企業の業績をいくつか見ていこう（注釈1）。

アプライド・インダストリアルテクノロジーズは、２００５年、売上を13・２％（業界平均は10・１％）増大させ、総利益率を29・２％（業界平均は25・５％）増大させた。

グレンジャーは、さらに著しい売上と収益の伸びを実現している。２００１年から２００５年の５年間で、売上の年間成長率は２・１％（業界平均は０・６％）であり、２００５年の総利益率は39・１％（業界平均は23・１％）増大した。

ケナメタルは、２００５年、売上を16・９％（業界平均は８・４％）、総利益率を34・２％（業界平均は24・８％）それぞれ増大させた。

またクエーカー・ケミカルは、２００５年、売上を５・８％（業界平均は３・８％）、総利益率を40・８％（業界平均は39・７％）増大させた。

タタ・スチールは、２００５年、売上を43・８％（業界平均は39・８％）、総利益率を39・６％（業界平均は23・８％）それぞれ増大させた。

また、これまでの章で、顧客価値管理が業績に影響を及ぼした2社の証拠を紹介してきた。第１章で紹介したソノコは、顧客価値管理と独自の価値提案によって、経営陣が立てた成長目標を達成することができた。３年間の平均売上成長率は10・１％、収益成長率は18・７％を記録した。

第２章と表８－１で紹介したインターグラフは、業界の年間収益成長率10～12％に対し、35％の成長率を計上。また業界の利益率14〜16％に対し、26％の利益率を達成した。

顧客価値管理に踏み出す

経営方針の変更は、簡単なことではない。疑念や疑問もたくさんあるだろう。さまざまな業界や国で顧客価値管理を実施した企業の例を紹介してきたが、ＢｔｏＢ市場のマネジャーの多くは、依然として「俗に言う」２つの事実を信じている。

１つは、自社の事業は他社の事業とは違う、という事実。もう１つは、自社は他社よりも多くの課題を抱えている、という事実だ（注釈２）。

経験豊富なマネジャーは、変化し続けるのはきわめて難しいことをよく理解している。しかも、誰もが関わりたくないほど、膨大な時間がかかる。

ところで、企業文化を１つのステップで１８０度変えることなどできるのだろうか？　言い換えると、価値の浪費家の企業が、バリューマーチャント（価値の提案者）に突然変わることなどできるのだろうか？

経験から言うと、1つのステップでAからZに変わることはできない。AからBに移ることですら難しいのだ。AからA'へ、あるいはA"に移ってからでなければ、Bに変わることはできない。

ただし、朗報がある。Bに変わることができたら、勢いがついて、BからE、K、そしてZに変わることができるのだ。

では、最初の一歩を踏み出し、勢いをつけてバリューマーチャントになるには、どうしたらよいだろうか?

他の会社で顧客価値管理がどれほど成功したとしても、マネジャーたちの疑念を解消して、自社での成功の可能性を納得させるには、最初の成功が欠かせない。最初に成功を収めたら、経営陣はそれをきっかけにして前進しなければならない。

最初に成功を収める

顧客価値管理の可能性を実証するためには、ゼネラルマネジャー、マーケティングや販売担当のマネジャーが、顧客価値管理のパイロットプログラムに関わることが望ましい。

ただし、1つのプロジェクトについてのみパイロットプログラムを実行する、というミスに気をつけてほしい。このような方法では、学習機会も成功機会も失ってしまう。幅広い経験を積み、顧客価値管理とその可能性について深く理解するには、3～5つの課題についてパイロットプログラムを実施しなければならない。

それぞれの課題について、プロジェクトの範囲、成功の定義、顧客価値調査チームの構成メンバーを決定して、顧客価値調査プロジェクトを明確にする必要がある。複数のプロジェクトに取り組むと、比較が可能になり、プロジェクトの実施と結果の違いから多くのことを学ぶことができる。さらには、顧客価値管理が大成功するプロジェクトとそうでないプロジェクトの相違点を参加者が理解することもできる。

顧客価値管理には時間も資金も必要なため、経営陣は、収益性の増大、バリューマーチャント（価値の提案者）になるのに必要な知識やスキルの習得、文化改革など、大きなリターンを顧客価値管理に求めようとする。

3～4カ月にわたって顧客価値調査を実施するには、各プロジェクトの範囲を明確に定める必要がある。必要以上に時間を要するプロジェクトを設計してチームに負担をかけたり、6カ月以上もかかるプロジェクトを計画したりするべきではない。課題が広範囲にわたったり複雑だったりする場合は、課題を段階ごとに分けて考え、1つの段階を6カ月以内で完成させる。

経営陣は、各プロジェクトに期待される成果を、スタート時に定義しておく必要がある。例えば、12カ月で収益を100万ドル増やす、という主要目標を定める（訳注・ただし、業績という結果が出るまでにはタイムラグがあるため、目標の期間を12カ月後にし、具体的な施策は6カ月以内にする）。このような目標を立てると、パイロットプログラムに投じた資源に対する迅速で魅力的な財務リターンを明確にできるだけでなく、顧客価値管理を実施するのに必要な知識とスキルが得られる。さらに、大がかりな経営課題に取り組んでいるが、一定期間内にそれを達成する、という決意を示すことにもなる。

また、顧客価値調査のプロジェクトを社内で認めてもらうには、**サクセスストーリー**を作成しなければならない。プロジェクトから重要な知識と大規模な収益を得られた、というストーリーが必要なのだ。

企業文化を変えるには、プロジェクトの成果として得られる顧客価値の重要性を理解し、同時にプロジェクトによって収益を大幅に増やさなければならない――その結果、最終的に企業は成功を収めることができる。第4章で説明しているように、変革のためのビジネスケースでは、プロジェクトから学んだ教訓、そして収益を増やすのに必要な変革について、詳しく解説しなければならない。

サクセスストーリーを生み出すには、経営陣は、プロジェクトを慎重に選び、それを実施するのに十分な時間をチームのリーダーとメンバーに与えなければならない。

製品マネジャーやプロジェクトの提案者の主張を聞くと、経営陣は、その主張の根拠や裏付けとなるデータについて疑問を抱かずに、彼らの説明を承認してしまう。

多くの製品マネジャーは、話を聞いてもらうために、顧客が求めている競合製品との違いを製品やサービスにふんだんに織り込んでいる。経営陣は、対象顧客が重視する相違点を明確に証明しているプロジェクトを慎重に選ばなければならない。選ばれたプロジェクトでは、相違点を金銭的価値に換算して見積もりを提示し、これらの見積もりがセグメントによってどのように異なるかを明らかにする必要がある。

第4章で説明しているように、リーダーは、その業務時間の半分以上をプロジェクトに費やし、メンバーは、その業務時間の4分の1程度はプロジェクトに割く必要があるだろう。現代では誰もが時間のプレッシャーがあるため、プロジェクト中はプロジェクト以外の任務を減らす必要がある。それでも、経営陣はプロジェクトの負担を軽く考えがちであるため、メンバーの時間の制約や業務量はますます厳しくなる。当然、プロジェクトの成果やチームの意欲に悪影響を及ぼすことは想像に難くない。

過去の成功例を振り返ると、顧客価値管理が最も成功を収めるには、経営陣が自らの関与の必要性を認識し、自由に使える時間をチームのリーダーとメンバーに十分に与える必要がある。

説得力のあるビジネスケースをチームが示し、それを経営陣が認めると、**価値の実現**のプロセスがスタートする。価値の実現の目的は、顧客価値調査で推定した優れた価値を提供し、変革のビジネスケースで明らかにした収益増を確実に実現させることである。

このプロセスはきわめて重要である。このプロセスの支援を怠る企業は、大きな成功を生み出すことができない。

価値の実現の段階では、多数の重要な活動が行われる。

チームは追加情報を集め、経営陣に示した顧客価値モデルを改善したり強化したりする。行動計画に関するさらなる作業、特に経営陣から提案された実施上の課題に取り組む必要が生じるかもしれない。価値ベースの販売ツールを作成したり、あるいは変革のビジネスケースのプロセスで作成したツールを改良したりする必要もある。営業担当者向けに、ツールを使った実践経験を積ませるための研修を設計し、業績評価と報酬制度を改良する必要もあるだろう（これらについては第6章で説明している）。

適切にフィードバックを行い、顧客が約束通りの価値を得られたかどうかを見守る。これは、第4章で説明した価値の文書化と並行して行う必要がある。そして最後に、収益の増大を追跡するシステムを導入する。

最後のアドバイスとして、パイロットプログラムを成功させるには、顧客価値管理を忠実に行う必要がある。

腕の良いコックと腕の悪いコックには、どのような違いがあるだろうか？　良いコックは、まずはレシピに忠実に作り、その出来栄えを見る。次に、自分の好みに合うようにレシピにオリジナリティを加える。そして、最初に作った料理と比較する。これに対して腕の悪いコックは、最初からレシピに従わず、改良を加えたり簡単な方法で済ませたりする。うまく行かなかったのは、レシピのせいなのか、改良したり省略したりしたせいなのか、自問するはめになる。

つまり、少なくともパイロットプログラムでは、第4章で詳しく解説したように、レシピをきちんと再現する必要がある。良い結果が得られたら、自社の状況や要件に合わせてプロセスに変更を加える。

顧客価値管理について長年にわたって調査を行ってきた経験に基づき、私たちはプロセスのステップを作成した。プロセスを省略したりアドリブを加えたりすると、プロジェクトの成果を妨げることになる（注釈3）。

最初の成功に基づいて進める

パイロットプログラムでプロジェクトの第1段階が完了したら、チームのリーダー、支援者、経営陣は、最も成功したプロジェクトと最も失敗したプロジェクトを比較する必要がある。プロジェクトから何を学ぶことができるか？　最も成功したプロジェクトから、顧客価値管理の可能性を示す証拠が得られるか？　失敗したプロジェクトの欠点は何か？　今後、それを取り除いたり最小限に抑えたりするには、どのような策を講じたらよいか？

経営陣は、最も成功したプロジェクトについて、価値の成功事例（Value Case Histories）を作成する。これらを社内報で公表し、イントラネットでわかりやすく提示する。成功事例を生み出したチームの功績を認め、それと同時に、価値の成功事例や成功したプロジェクト（および失敗したプロジェクト）から得られる教訓をもとにして、顧客価値プロジェクトの次の段階で使用する研修教材を作成する。

これらの教材を使用して、多くの従業員に顧客価値管理を経験させ、会社のために何ができるのかを考えさせる。従業員の中には、自分自身の立場に置き換えて、他部門の成功事例から多くを学ぶことができる人もいれば、抽象的な概念をうまく理解できず、関連する部門の例を求める人もいるだろう。最初の成功に基づき、顧客価値管理プロジェクトの第2段階に進む。

この段階では、パイロットプログラムで取り組んだプロジェクトよりも、「チャレンジングな」プロジェクトを進めることもできる。チャレンジングなプロジェクトに取り組むことで、顧客価値管理の利点に対する理解を広げることが可能になる。

経営陣は、顧客価値管理の専門家を育成したいと考え、パイロットプログラムで最も成功したプロジェクトから、リーダーや支援者を指名する。

そして最終的に、顧客価値管理を事業の一環として組み入れたいと考えるようになる。例えば、新製品開発プロジェクトの一環として、顧客価値調査を始めるように要求することができる。そこで、新製品開発プロジェクトの検討中に、新製品の相違点、それぞれの相違点についての言葉による価値方程式、対象顧客から収集したデータに基づく価値の見積もりを示すように、新製品開発チームに求める。あるいは、中核となる製品やサービスを補強する補助的なサービス、プログラム、システムで推奨した改良に対しても、同様のサポートを製品マネジャーに求めるかもしれない。

優れた価値を提供し続ける

顧客は、自分たちがサプライヤー企業のためにした行動についてはいつまでも覚えているが、自分たちが受けた行動についてはすぐに忘れてしまう。また、サプライヤー企業が顧客価値管理で成功を収めると、ライバル社は手をこまねいているわけにはいかない——自社製品を改良して、対抗してくるだろう。

そのため、顧客価値管理を行う企業は、約束した価値を確実に提供し、それを実現させ続けるシステムを導入しなければならない（価値ドキュメンター（Value Documenters）など）。さらに、コスト削減と付加価値を追跡し続け、定期的に顧客に知らせなければならない。

その上、特定の顧客市場で優れた価値の提供方法を学び、それを別の市場にも採り入れる必要がある。最終的に、追求するべき新たな価値提案、あるいは次世代の価値提案を、組織的に取り組んで見つける必要がある。

提供した価値を文書化し、活用する

顧客に提供した価値を文書化すると、サプライヤー企業は、顧客価値の増大やコスト削減を実現できる、さらなる方法を見つける可能性が広がる。

この可能性は、「計画的な予期せぬ発見」と呼ばれている。サプライヤー企業の顧客担当者は、注意を怠らずに計画的に取り組んでいれば、より効果的に営業活動を行う機会を発見できるのだ。

第7章で説明しているように、価値の浪費や損失を特定すると、そのような機会が見つかるだろう。先進的なサプライヤー企業は、収益性のあるサービス提供の新たな方法のヒントになる出来事や発言に注目し、それを報告するように、技術サービスや営業の担当者を奨励し、インセンティブを与えているからだ。

これとは別に、各顧客に対する取り組みを計画的に追跡することで、次の契約交渉に移る前に、サプライヤー企業はどのような価値を提供したか、その価値は価格の何%にあたるのかを明確にできる。

契約を取り戻したいライバル社は、値引きの戦術を採ってくるだろう。そこでバリューマーチャントは、顧客との契約を維持しつつ低価格を提供するには、ライバル社の価格にどれだけ近づける必要があるかを調べなければいけない。提供した価値は価格の何%にあたるのかを明確にすると、サプライヤー企業は、「現在の製品やサービスの価値はどのくらいか？ 5%か、それとも7%か？」という顧客からの質問に答えることができる。

価値評価を行って他社の製品やサービスを使用するリスクを示しても、顧客はなかなか製品やサービスを乗り換えようとしない。乗り換えてもらうには、価値を追加するか価格を下げるかしかない。

このような戦術を**乗り換えのインセンティブ**と呼ぶ。インセンティブがなければ、顧客の購買マネジャーは、別の製品やサービスへ乗り換えようとしない――たとえ脅されても。

ベストプラクティス企業は、心に響く価値提案を作成してそれを実証するのは一時的な戦略ではないことを認識している（そのため、価値提案を考える能力を従業員に育むことに投資している）。

SKFでは革新的なアプローチを導入し、優れた価値を提供して顧客を確保・維持している。契約するにあたって、SKFは、大きな見返りが得られる長期的なイニシアティブと並行して、わずかではあるがすぐにリターンが得られる短期的なイニシアティブも提案している。

例えば、短期のイニシアティブでは、今後6カ月でコスト削減が実現される。短期のリターンは少ないが、顧客は前向きに検討するため、顧客のマネジャーに具体的な証拠を示すことで、より大きな見返りが得られる長期のイニシアティブに関心を持ってもらうことができる。さらに、契約更新の直前に、次の契約期間に何が得られるかを顧客に示し、短期間と長期間のイニシアティブを提案している。

クエーカー・ケミカルは、従業員が現場で提供する製品やサービスをひとまとめにして3～5年の契約を結ぶ、という独自の戦略を打ち出している。クエーカー・ケミカルの従業員は、1年のうち2割以上の時間を顧客の工場で過ごしている。サービスを提供するだけでなく、自社製品を使用することによる顧客のコストとベネフィットに関するデータを徹底的に集めるためだ。

化学管理サービスの一環として、同社はChemTRAQ™というシステムを開発し、付加価値サービスの提供を監視して、コスト削減を文書化している。従業員は、コスト削減とベネフィットをスコアカード（正式には、「お客様に提供する価値提案」と呼ばれている）にまとめ、それを顧客のマネジャーに月1回と年1回提示している。

クエーカー・ケミカルの価値提案の作成と改良プロセスの素晴らしい点は、ツール（ChemTRAQ™）と文書（スコアカード）を提供して、業績の追跡と契約の締結を容易にしていることである。

他の市場の教訓を生かす

先進的なサプライヤー企業は、顧客の業界で学んだことを生かして、他の市場で次世代の価値提案を提供する。多少の調整が必要かもしれないが、特定の市場ですでに成功している優れた価値を提供するという基本的なコンセプトは、さまざまな場面に応用できるのだ。

ただし、他の市場のサクセスストーリーを集め、それを共有する場を設け、うまく応用できた個人に報酬を与えなければならない。例えばクエーカー・ケミカルは、この取り組みで成功を収めている。

価値提案が事業戦略に及ぼす影響を重視している同社では、化学管理マネジャーを対象に、価値提案の研修プログラムを毎年行っている。

化学管理マネジャーは、顧客の現場で働き、「顧客価値提案」の作成と実施に携わっている。そこでまず、研修では、さまざまな業界のケーススタディを振り返り、ライバル社のコスト削減プロジェクトを調べ、それを金銭に換算する。次に、チームに分かれて、顧客のマネジャーに扮した仲間にインタビューを行い、価値提案を作成するのに必要な情報を集める、というシミュレーションを行う。

最も優れた価値提案を作成したチームには、発表の権利が与えられる。これは、競争を重視する同社の文化において、きわめて光栄なことだ。研修プログラムに参加したことで、化学管理マネジャーは、顧客の現場に戻った際に、コスト削減プロジェクトを適切に実施できるようになる。

研修プログラムの最後に、90日間の年間コンテストを開催し、化学管理マネジャーは、顧客に実際に提案するコスト削減プロジェクトを作成する。そして責任者は、これらの提案を審査してフィードバックを与える。実行可能だと判断されたプロジェクトの作成者には、商品券が贈られる。

こういった取り組みは、クエーカー・ケミカルが顧客に約束した年平均コスト削減（500万ドル～600万ドル）を実現するのに大いに役立っている。

新たな価値提案を見つける

ベストプラクティス企業は、新たな価値提案になりそうな要素を見つけ、体系的な評価によってそれを指導するプロセスを導入している。これらのアイデアは、新製品開発プロセスや、新たな補助的サービスの開発と提供に採り入れられる。

GEのインフラストラクチャー部門、ウォーター・アンド・プロセス・テクノロジーズの例「新たな価値提案を見つける」——GEのインフラストラクチャー部門、ウォーター・アンド・プロセス・テクノロジーズ事業部（W&PT）は、精製所向けに新たなサービスを開発した。ゼネラルマネジャーが限られた資源を利用して最大の価値を提供し、それと引き換えに顧客が進んでリターンを提供した素晴らしい例である。

精製業者の最大のコストは、何と言っても原油である。1バレルあたり最も高額の原油は、硫黄分の少ない「スイート」オイルである。硫黄分の多い原油は1バレルあたりの価格が安いが、精製の過程で硫黄が酸化して設備を腐食し、破壊してしまう。この種の原油で操業することもできるが、熱交換器やその他の加工機器にダメージを与える恐れがあり、結果的にコストがかかる。最大の問題は、信頼を失うことだ。腐食が進んで予期せぬ停止が生じると、その代償はおそろしいほど高くつく。

精製プロセスと精製所の収益性を詳しく総合的に理解して、W&PTは創造的なアイデアを生み出した。硫黄分の高い原油をブレンドして提供できるサービスを開発できれば、精製所の収益性を改善することができるだろう、と考えたのだ。

現場担当者は新製品導入の申請を提出し、炭化水素のマーケティング部門にさらなる調査を求めた（同社では、大きな価値をもたらす可能性のある独創的なアイデアを考案したら、現場担当者、または他の担当者が新製品導入を申請することになっている）。

業界の専門知識が豊富なマーケティング責任者は、提案されたいくつもの新製品が顧客に優れた価値を提供できるかどうかを判断するために、スコーピング調査（訳注・範囲を絞り込んだ調査）を行った。提案された新製品についてビジネスケースを作成し、W＆PTの経営陣が検討しやすいように効果的に並べた。経営陣は、多数のアイデアの中からこのアイデアを採用し、Predator サービスを開発した。

Predator サービスでは、まず精製所がグレードの異なる原油をブレンドする手順を作成し、次に精製過程で何が起こるかを予測する。さらに、検出システムを提供する。主要機器にセンサーを設置して酸化レベルを監視し、インジェクターから腐食抑制剤をシステムに注入するのだ。

顧客はW＆PTからこの手順、予測モデル、センサー、腐食抑制剤を購入するが、これらのコスト増大分は、安い原油を購入することで十分に補える。実際、価格の節約は、Predator サービスの料金の5～10倍にも相当する。

価値生成計画のプロセスとツールによって、W＆PTは、Predator サービスの使用による価格節約の可能性を精製所に実証し、コスト増大と価格節約を文書化し、顧客が納得できる価値提案を作成した。

優れた価値を提供する新たな方法を見つける――これまで出会った中で最も見識あるバリューマーチャントは、業界協会の会長に選出された。彼は、年次総会の挨拶で、顧客に優れた価値を提供するために自分が何をしてきたかを話した。驚いた聴衆の1人が、挨拶の後で彼のもとにやってきて、「ライバル社の前で自分の行動を明らかにして不安はないのか」と質問した。すると、彼はこう答えた。「いや、大丈夫。他の会社が今の我が社と同じことができるようになっている頃には、我が社は別のことをしているから」

この会長は、わざとこのような話をしたのだ。というのも、ライバル社が「無能」よりは「賢い」ほうがいいに決まっているからだ。ライバル社が価格で勝負をするのではなく価値で勝負をするようになると、業界全体が繁栄する。それだけでなく、真のバリューマーチャントは、足を止めることなく、顧客に優れた価値を提供する新たな方法を常に見つけようとするものだからだ。

付録A　顧客価値と価格の関係

顧客価値と価格にはどのような関係があるだろうか？（注釈1）

この論議を進めるため、電子部品の調達マネジャーになったつもりで、次のシナリオについて考えてほしい。そして、どの製品の購入を推奨するか、判断してほしい。

M社製品とP社製品のどちらを購入するか、判断しなければならない。

価値分析を行ったところ、M社製品の価値は4ユーロ、P社製品の価値は6ユーロであることがわかった。M社製品の価格は1ユーロ、P社製品の価格は2ユーロである。

あなたはどちらの製品を推奨しただろうか？　視点が異なると、それぞれ異なる判断が導かれる。

まず、比率に基づいて評価すると、M社製品を推奨するだろう。

$$\frac{\text{価値 m}}{\text{価格 m}} > \frac{\text{価値 p}}{\text{価格 p}}$$（方程式A－1）

$$\frac{4\text{ユーロ}}{1\text{ユーロ}} > \frac{6\text{ユーロ}}{2\text{ユーロ}} \quad \text{（方程式A－1a）}$$

比率に基づく評価では、顧客価値と価格を比較する。ジェラルド・スミスは、「価値の2つの側面、つまり、顧客が得るもの（ベネフィット、コスト削減、利益増大）と、顧客が費やすもの（金銭、時間、労力、機会費用）を比べる。多くのマーケティング担当者は、2つの側面を組み合わせて比率を算出する。すなわち価値＝顧客が支払う価格に対して、顧客が受け取るベネフィットを算出する」と、論文で主張している。

ただし、スミスの主張では、共約不可能性の問題（つまり、体系が異なるものを比較することはできない）を見落としており、また、価格（「金銭」と表現している）を価値の一部に含めている。どちらも、私たちが主張する概念とは異なる（注釈2）。

これに対して、差異に基づく評価では正反対の結果が得られ、P社の製品を推奨するだろう。

$$\text{価値}p - \text{価格}p > \text{価値}m - \text{価格}m \quad \text{（方程式A－2）}$$

6ユーロ－2ユーロ＞4ユーロ－1ユーロ　（方程式A－2a）

多くのマーケティング担当者（少なくともマーケティング研究者）は比率に基づく方法をとるだろう、というスミスの考えは、おそらく正しい。ただ、2つの重要な点を誤解している。

1つ目は、顧客のマネジャーに関する定性調査では、人は比率を計算するよりも差異を計算するほうが得意だ、ということが示されている。2つの評価方法の違いを理解するため、シナリオでは簡単な金銭で計算しているが、通常は引き算よりも割り算のほうが難しい。4つの数値（a、b、c、d）をランダムに選び、a÷bやc÷dと、a－bやc－dのどちらが簡単か比べてほしい。

2つ目は、企業は活動を記録する際に差異に基づく評価を採り入れている、というもっと重要なポイントだ。平たく言うと、事業収入から事業費用を差し引き、利益を算出している。

比率に基づく評価では、M社の製品を購入するという判断が導かれたが、P社の製品よりもM社の製品を購入するほうが顧客にとって本当によいのだろうか？

顧客が製品を100万個購入する必要があるとしよう。P社の製品はM社の製品よりも価格が高い（1ユーロ高い）が、P社の製品の優れた価値（2ユーロ高い）は、これを補って余りある。そのため、顧客はM社の製品ではなくP社の製品を購入することで、100万ユーロの利益が得られる。

通常は、比率に基づく場合でも差異に基づく場合でも、2つの競合製品の価値と価格は同じ判断が下される。それでも、このシナリオのように、異なる判断が導き出されるケースもある。

重要なポイントは、大半の研究者、論文作成者、マネジャーが、顧客価値と価格の関係性を十分に検討してこなかっただけでなく、自分たちの主張を裏付ける根拠を提供してこなかった、ということだ。

基本的な価値方程式で差異を明確にすると、重要な価値の要素に注目できるようになるだろう（第3章と第4章を参照）。

付録B　PeopleFlo の EnviroGear®ポンプの顧客価値モデル

PeopleFlo マニュファクチャリングは、次世代の密閉圧密の回転ポンプを設計した。この製品は、回転軸シールを使用しないため、液漏れなどのトラブルを回避できる。その結果、PeoploFlo の EnviroGear®ポンプは、メンテナンスコストを削減するという顧客の要望を満たすだけでなく、環境汚染源を手ごろな価格で排除することができる。このポンプの対象市場は、塗料、樹脂、インク、接着剤のメーカーである（注釈1）。

競合製品は、バイキング社の密閉式ギアポンプだと考えられる。PeoploFlo のポンプとバイキング社のポンプを比較すると、4つの相違点が明らかになる――想定外のメンテナンス費用の削減、計画的なメンテナンス費用の削減、ポンプ交換費用の削減、漏出洗浄費用の削減。

それぞれの相違点について、言葉による価値方程式から顧客価値モデルを作成してみた（顧客から収集した使用データを代入）。

想定外のメンテナンス費用の削減の言葉による価値方程式と仮定は次の通り。

想定外のメンテナンス費用の削減＝［（バイキング社で1年間に発生する想定外のメンテナンス

件数－PeoploFloで1年間に発生する想定外のメンテナンス件数）×（（問題解決に要する平均労働時間×フルタイム労働者の賃金）＋1件あたりの部品の平均購入価格＋1件あたりの部品の平均廃棄費用＋1件あたりの平均中断費用）」÷稼働中の類似ポンプ数

仮定

1　購入価格は、調達コストの内輪で見積もられる
2　削減した労働時間は、予防または予測のメンテナンス作業に効果的に再配置される
3　労働時間には、診断、部品調整・交換、洗浄が含まれる

計画的なメンテナンス費用の削減の言葉による価値方程式と仮定は次の通り。

計画的なメンテナンス費用の削減＝［1年間に計画的に交換するバイキング社のシール数×（シールの平均購入価格＋（シール交換の平均労働時間×フルタイム労働者の賃金））］÷稼働中の類似ポンプ数

仮定

1　購入価格は、調達コストの内輪で見積もられる

2　削減した労働時間は、予防または予測のメンテナンス作業に効果的に再配置される

ポンプ交換費用の削減の言葉による価値方程式と仮定は次の通り。

ポンプ交換費用の削減＝［（1年間に交換するバイキング社のポンプ数－1年間に交換するPeoploFloのポンプ数）×（ポンプ交換に要する平均労働時間×フルタイム労働者の賃金）＋ポンプ当たりの廃棄費用）］÷稼働中の類似ポンプ数

ここで

ポンプ当たりの廃棄費用＝［（古いポンプの洗浄に要する平均労働時間×フルタイム労働者の賃金）＋洗浄資材の購入価格］または、外注のポンプ廃棄料金

仮定

1　購入価格は、調達コストの内輪で見積もられる

2　削減した労働時間は、予防または予測のメンテナンス作業に効果的に再配置される

漏出洗浄費用の削減の言葉による価値方程式と仮定は次の通り。

漏出洗浄費用の削減＝［バイキング社のポンプの年間漏出洗浄件数×（漏出洗浄に要する平均労働時間×フルタイム労働者の賃金）＋洗浄用品の価格＋漏出物廃棄費用）］÷稼働中の類似ポンプ数

仮定

計画的なメンテナンス費用の削減と同じ

ポンプ価格の差の言葉による価値方程式と仮定は次の通り。

ポンプ価格の差＝（バイキング社のポンプ価格÷予測稼働年数）－（PeoploFloのポンプ価格÷予測稼働年数）

仮定

PeoploFloのポンプの予測寿命は、「加速試験」に基づいて判断する

最後に、顧客価値モデルには、まだ決定していない価値のために保留している「価値プレースホルダー」が存在する。バイキングのポンプと比較するEnviroGear®ポンプには、2つの価値プレースホルダーが存在する。

1　EnviroGear®ポンプは、漏えい排出物の削減、作業者の暴露の削減、有害物質の廃棄の削減の可能性という要素から、「環境スチュワードシップ」を推進する

2　EnviroGear®ポンプは、想定外のメンテナンスと漏出洗浄の問題を排除または大幅削減する（つまり、「社会的ベネフィット」を提供する）

注釈

第1章

1. Lisa M. Ellram, "Total Cost of Ownership: An Analysis Approach for Purchasing," International Journal of Physical Distribution & Logistics 25, no.8(1995): 4-23; and Marc Wouters, James C. Anderson, and Finn Wynstra, "The Adoption of Total Cost of Ownership for Sourcing Decisions: A Structural Equations Analysis," Accounting, Organizations and Society 30 (2005): 167-191.
2. この種のアプローチを支持する2つの論文は、『分析力で勝負する企業』（トーマス・H・ダベンポート、ハーバード・ビジネス・レビュー2006年4月号）、『エビデンス・マネジメント』（ジェフリー・フェッファー、ロバート・I・サットン、ハーバード・ビジネス・レビュー2006年4号）。

第2章

1. このセクションは、James C. Anderson, "From Understanding to Managing Customer Value in Business Markets," in Rethinking Marketing: Developing a New Understanding of Markets,ed. H. Hakansson, D. Harrison, and A. Waluszewski (London: John Wiley, 2004), 137-159. ©2004. Copyright John Wiley & Sons Limited. 許可を得て掲載。
2. Bradley T. Gale, Managing Customer Value (New York: Free Press, 1994), xiv; Robert J. Dolan and Hermann Simon, Power Pricing: How Managing Pricing Transforms the Bottom Line (New York: Free Press, 1996), 9; Gerald E. Smith, "Segmenting B2B Markets with Economics Value Analysis," Marketing Management, March 2002, 36;『プライシング戦略——利益最大化のための指針』（トーマス・T・ネイゲル、リード・K・ホールデン、ピアソン・エデュケーション、2004年）。
3. James C. Anderson and James A. Narus, Business Market Management: Understanding, Creating, and Delivering Value, 2nd ed. (Upper Saddle River, NJ: Pearson Prentice Hall, 2004), 6.

4.価格は顧客価値の一部であるとする最近の例については、David D. Swaddling and Charles Miller, "From Understanding to Action," Marketing Management, July-August 2004, 31-35を参照。

5.Lawrence D. Miles, Techniques of Value Analysi, 3rd ed. (Washington, DC: Lawrence D. Miles Value Foundation, 1989).

6.ブランド構築の際の類似点と相違点についての詳細は、『ブランド・ポジショニングの最適化戦略』（ケビン・レーン・ケラー、ブライアン・スターンソル、アリス・ティバウト、ハーバード・ビジネス・レビュー2003年6月号）。

7.『法人営業は提案力で決まる』（ジェームズ・C・アンダーソン、ジェームズ・A・ナルス、ワウテル・ファン・ロッスム、ハーバード・ビジネス・レビュー2006年10月号）。

第3章

1.『バリュー・イノベーション――連続的価値創造の戦略』（W・チャン・キム、レネ・モボルニュ、ハーバード・ビジネス・レビュー1997年7月号）、『バリュー・ブレークスルー・マーケティング』（W・チャン・キム、レネ・モボルニュ、ハーバード・ビジネス・レビュー1999年7月号）。

2.メドコの例は『流通チャネルの転換戦略――チャネルスチュワードシップの基本と導入』（V・カストゥーリ・ランガン、ダイヤモンド社、2013年）。ネットジェッツとブルームバーグの例は『ブルー・オーシャン戦略――競争のない世界を創造する』（W・チャン・キム、レネ・モボルニュ、ランダムハウス講談社、2005年）。デルの例は、『戦略としてのマーケティング（ニラマルヤ・クマー、同友館、2008年）。

3.Francis J. Gouillart and Frederick D Sturdivant, "Spend a Day in the Life of Your Customers", Harvard Business Review, January-February 1994, 116-125.

4.アクシオス・パートナーズLLCは、ジェームズ・C・アンダーソンLLCの戦略的パートナーであり、顧客企業で顧客価値管理を実施している。

5.インターグラフのフランク・ヨープへのインタビュー（2005年3月2日）。

第4章

1. 通常、サプライヤー企業は、自社製品の価値を強調することを目的として、競合製品と比べて優れた価値を提供すると確信している市場区分（または細区分）について調査を行う。ただし、現状では競合製品よりも優れた価値を提供できていない市場区分（または細区分）について調査を行うこともある。この場合の調査の目的は、製品の価値をさらに強化できる可能性を調べ、競合製品よりも優れた価値を創造することである。あるいは、現在は製品を提供していない市場区分（または細区分）について調査を行うこともある。この場合は、その市場区分の主要製品よりも優れた価値を提供できる製品を調べることを目的としている。
2. 『法人営業は提案力で決まる』（ジェームズ・C・アンダーソン、ジェームズ・A・ナルス、ワウテル・ファン・ロッスム、ハーバード・ビジネス・レビュー２００６年10月号）。
3. オレンジ・オルカB.V.は、ジェームズ・C・アンダーソンLLCの戦略的パートナーであり、顧客企業で顧客価値管理を実施している。
4. ＴＣＯツールボックスの詳細についてはwww.tcotoolbox.comを参照。バルドー・エレクトリックは、ロックウェルからパワーシステムズ部門を買収している。
5. 『顧客価値をとらえるＢｔｏＢマーケティング』（ジェームズ・C・アンダーソン、ジェームズ・A・ナルス、ハーバード・ビジネス・レビュー１９９９年７月号）。

第5章

1. James C. Anderson and James A. Narus, "Capturing the Value of Supplementary Services," Harvard Business Review, January-February 1995, 75-83; and James C. Anderson and James A. Narus, Business Market Management: Understanding, Creating, and Delivering Value, 2nd ed. (Upper Saddle River, NJ: Pearson Prentice Hall, 2004), chapter 5.
2. Anderson and Narus, Business Market Management, 187.

3. Robin Cooper and Robert S. Kaplan, "Profit Priorities from Activity-Based Costing," Harvard Business Review, May-June 1991, 130-135.
4. James C. Anderson and James A. Narus, "Selectively Pursuing More of Your Customer's Business," MIT Sloan Management Review, Spring 2003, 42-49.
5.アメリカを拠点とするバクスター・インターナショナルは、２つの事業部門に分割した。この例のバクスター・ヘルスケアと複数部門は、１９９６年にアリージャンス・コーポレーションを設立した。その後、１９９９年２月にアリージャンス・コーポレーションは、カーディナルヘルスに合併された。
6.『ポケット・プライス――真実の取引価格』（ロバート・L・ロシェロ、マイケル・V・マーン、ハーバード・ビジネス・レビュー２００１年４月号）。
7.『時間主導型ＡＢＣマネジメント』（ロバート・S・キャプラン、スティーブン・R・アンダーソン、ハーバード・ビジネス・レビュー２００５年６月号）。
8.この事業部門はＶＭＲが買収し、現在はVWR Scientific Productsとなっている。
9.『低価格戦略にいかに対抗するか』（ニルマルヤ・クマー、ハーバード・ビジネス・レビュー２００７年７月号）。

第６章

1. Steven Kerr, "On the Folly of Rewarding A, While Hoping for B," Academy of Management Executive, February 1995, 7-16.
2.営業担当者の関与についてのさらなる成功例は、『営業力の復活から改革は始まる』（トーマス・Ａ・スチュワート、ハーバード・ビジネス・レビュー２００６年10月号）を参照。
3.ロックウェル・オートメーションのセールスエンジニア、Adrian Soghigian、Chris Spees、Bruce Waltersへのインタビュー（２００６年５月18日）。

第7章

1. James C. Anderson and James A. Narus, "Selectively Pursuing More of Your Customer's Business," MIT Sloan Management Review, Spring 2003, 42-49.
2. Hermann Simon, "Pricing Opportunities - and How to Exploit Them," Sloan Management Review, Winter 1992, 55-65.
3. Shantanu Dutta et al., "Pricing as a Strategic Capability," MIT Sloan Management Review, Spring 2002, 61-66.
4. 『ポケット・プライス――真実の取引価格』（ロバート・L・ロシェロ、マイケル・V・マーン、ハーバード・ビジネス・レビュー２００１年４月号）。
5. 『優良顧客を囲い込む顧客ロイヤルティのマネジメント』（ルイーズ・オブライエン、チャールズ・ジョーンズ、ハーバード・ビジネス・レビュー１９９５年11月号）。
6. サイアムシティ・セメントのChantana SukumanontとSiva Mahasandaneへのインタビュー（２００７年1月29日）。

第8章

1. 業績の証拠として、Thomson One Bankerのhttp://origin-banker.thomsonib.comを参照。
2. 多事業部制または多部門制の企業では、顧客価値管理が社内のどこかの部門で成功を収めると、これらの2つの「事実」が依然として信じられている。「あの部署の仕事は簡単だから。我々の部署とはわけが違う」と考えるマネジャーが多い。
3. 『成功は再現できる』（ガブリエル・シェランスキー、シドニー・ウィンター、ハーバード・ビジネス・レビュー２００２年４月号）。

付録A

1. James C. Anderson, "From Understanding to Managing Customer Value in Business Markets," in Rethinking Marketing: Developing a New Understanding of Markets, ed. H. Hakansson, D. Harrison, and A. Waluszewski (London: John Wiley, 2004),

137-159. ©2004. Copyright John Wiley & Sons Limitedより引用。許可を得て掲載。

2. Gerald E. Smith, "Segmenting B2B Markets with Economic Analysis," Marketing Management, March 2002, 36.

付録B

1. ジェームズ・アンダーソンは、PeoploFloマニュファクチャリングの役員であり、投資家である。

謝辞

本書の執筆にあたって、多くの人や組織に支援していただいた。すべての方々に感謝しているが、この場を借りて、感謝の意を表したい。

まず忙しい中、快くインタビューに応じてくださった多くのマネジャーに感謝したい。彼らが紹介してくれたベストプラクティスは大いに役立った。特に、次の方々に感謝したい。

Nada El-Zein（アクゾノーベル）、Elisa Scarletta and Mark Stoneburner（アプライド・インダストリアル・テクノロジーズ）、Eric Berggren and Stefanie Zucker（アクシオス・パートナーズ）、Steve Dehmlow（コンポジット・ワン）、Michael Lanham（ダウ・コーニング）、Alice Griffin and Robert Smith（イーストマンケミカル）、Robb Kristopher and Debra Oler（グレンジャー）、Frank Joop（インターグラフ）、Joy Chandler and John Stang（ケナメタル）、Marcel de Nooijer and Eelco van Asch（ＫＬＭカーゴ）、Gene Lowe（ミリケン）、Bas Beckers and Bert Willemsen（オレンジ・オルカ）、William Blankemeier（PeopleFloマニュファクチャリング）、Art Helmstetter（クエーカー・ケミカル）、Joe Razum（ロックウェル・オートメーション——現在はバルドーが買収）、Siva Mahasandana and Chantana Sukumanont（サイアムシティ・セメント）、Todd Snelgrove（ＳＫＦ）、Eddi L. Smith（ソ

ノコ）、Michael Butkovic and Jackie Eckey（スウェージロック）、Peeyush Gupta and Anand Sen（タタ・スチール）

ペンシルベニア州立大学の Institute for the Study of Business Markets（ＩＳＢＭ、ビジネスマーケット研究所）には、マネジメント業務などのリサーチに、資金援助をしていただいた。特に、ＩＳＢＭ事務局長の Ralph Oliva とＩＳＢＭ研究責任者の Gary Lilien には、リサーチ全体を通してサポートしていただいた。

ハーバード・ビジネススクール・プレスの Kirsten Sandberg には、プロジェクトの編集を指揮していただいた。

著者ごとにそれぞれ挙げさせていただくと、ジェームズ・C・アンダーソンは、プロジェクトを手伝ってくれたケロッグ経営大学院の研究員——Chaitali Bhagdev, Abhinav Gattani and Akshaya Gulhati——に感謝の意を表している。また、アシスタントの James Ward には、数字や表の作成について、技術的なサポートやアドバイスをいただいた。

ニラマルヤ・クマーは、ＢｔｏＢ市場における価値に関するアイデアを長年にわたって検証させてくれた企業や個人に感謝の意を表している。ＡＣＣ、アディティア・ビルラ・グループ（Kumar Mangalam Birla, Santrupt Misra）、アクゾノーベル、アルキャン、アルフレッド・マカルパイン、Ａ

T&T、ベカルト、ベルテルスマン・ダイレクト・グループ（Gerd Bührig, Ewald Walgenbach）、BT（Tim Evans, Gavin Patterson）、キャタピラー、チルトン、コンチネンタル、ダウ・ケミカル（Carlos Silva Lopes）、デュポン、エッセル・プロパック（Ashok Goel）、グッドイヤー、アムブジャ・セメント、ヒューレットパッカード、ホルシム（Markus Akermann, Paul Hugentobler）、ハイドロ・アルミニウム、ＩＢＭ、ＩＣＩ、ＩＳＳ、ジャーディン・マティソン、ヨートン、モトローラ、ノキア、ノルウェー・ポスト、オルカ・グループ（Karin Aslaksen, Ole Enger）、ＲＰＧエンタープライズ（Pradipto Mohaptra）、サウジ基礎産業公社（Sabic）、シェル、シンドラー、テトラパック、ボルボ、ＷＰＰグループ（Mark Read）、ゼンサー・テクノロジーズ（Ganesh Natarajan）。このほか、ロンドン・ビジネススクールの同僚、アディティア・ビルラ・インディア・センター副所長のSuseela Yesudian-Storfjellにも感謝している。

ジェームズ・A・ナラスは、プロジェクトに協力してくれた企業やマネジャーに感謝の意を表している。ＷＲグレース（Larry Golen）、オークマ・アメリカ（Seth Machlus）、ソノコ（Vicki Arthur, Greg Powell）、ティムケン（Brian Berg）、ボルボ・トラック（Clay Flynt）。

監修者あとがき1　本書の解説

鳥山正博

まずは、本書の主要な概念と主な主張点をおさらいしてみたい。

第1章で重要なのは、「バリューマーチャント」である。訳語をあてるとそのニュアンスを伝え損ねると考え、本書では「バリューマーチャント」としたが、顧客にとっての価値を深く理解し、適切な顧客価値管理を行い、値引きなどの条件で勝負するのではなく、価値を理解させる提案をすることで勝負する営業マンのことである。ちなみに、対比されているのは、単なる営業担当者である。「顧客価値管理」とは、顧客にとっての価値を正確に理解し、概念化し、価値提案を明確化し、それを具体化し、その顧客にとっての価値を明示し、一定の推測を交えながら実証的に定量化する一連のプロセスのことである。

第2章と第3章は、価値の概念化と明確化について述べている。「顧客価値」とは、対価と引き換えに顧客が手に入れるベネフィットを金額換算したものと明快に定義されている。また、常に顧客を中心として考えるため、顧客にとっての選択肢を踏まえて競合と比べて優位な点に焦点をあてることを重視しているが、何より顧客のニーズに立脚して論点を絞ることの重要性も強調している。実証的にそのプロセスを行うために定性調査を行ったり、顧客の協力を得てデータを取る調査プロジェクトを行うことを奨励している。

第4章は、価値提案の具体化についてである。「価値提案」とは、顧客に対して最も心に響くような言葉に結晶化することを言う。「価値計算機」を用いて計算を行い、「価値ドキュメンター」を用いて文書化するのだ。Value Calculatorsという英語に「価値計算機」という訳語をあてたが、自社製品を利用すると、どのようなコスト削減または付加価値を得られるかを計算するスプレッドシートのことである。「価値ドキュメンター」はそれを文書化するためのツールである。

第5章では、ベースとなる「ネイキッド・ソリューション」と「オプション」の組み合わせ方について述べている。「ネイキッド・ソリューション」とは、すべての対象顧客が求める最小限のサービス要素のことである。それに個々の企業のニーズに合わせたオプションを加えたものが、実際の提案となる。「取引ベース」なのか「協働ベース」なのかをとらえ、それにより対応を変えるべきだと主張している。「取引ベース」とは、常に複数のサプライヤーを比較し、毎回「取引」をしようとする顧客であり、「協働ベース」とは、最小限のサプライヤーに絞って協力を得ようとする顧客である。それらに応じるためにも柔軟性のある提供体系が強調されている。

第6章では、単なる販売担当者から「バリューマーチャント」に育成するためのポイントが述べられている。育成、使うツール、上司のあり方、組織のあり方などについてである。

第7章は、いかに提案した価値を自社の利益に転じるかについての章である。取引の構成をどう改善するか、どう顧客シェアを拡大するか、いかに価値を「浪費」しないか、どう価格設定をするかである。

第8章は、組織としていかにバリューマーチャントたるかに焦点をあてている。最大のポイントは、いかに顧客価値管理という手間のかかる活動を組織的に踏み込むか、またいかに構成員間の共有により組織的な強みにするかである。

要するに、本書のバックボーンは「顧客価値管理」であり、それを明確・具体的・実証的に徹底し、組織的に行うことで、名実ともに「バリューマーチャント」、すなわち値引きではなく価値で勝負するようになるかを数多くの事例とともに徹底して示している。

さて、本書には隠れた文脈や前提条件があると思われる。

まず領域だが、次々と技術的なブレイクスルーがある領域ではなく、コモディティ化（製品が汎用化すること）している領域を前提にしていると思われる。そもそも、いかなる産業においても、世の中に模倣というものが存在する限り、コモディティ化は避けられない。なので、本書がまったくあてはまらない産業は少なく、本書の価値がいささかも下がるわけではない。

また、対象としている組織内の立場については、ＢｔｏＢのセールスおよびマーケティング組織であって、Ｒ＆Ｄ（研究開発）やビジネスモデルイノベーションに関しては、コントローラブルでない人たちを対象としているように思われる。また、サプライヤーが顧客と一緒に開発を行うような慣行の業界はそれほど想定されておらず、最近話題のオープンイノベーションの舞台でもない、伝統的な関係性の中でのＢｔｏＢのセールスとマーケティングが想定されていると思われる。

本書の重要性を理解するために、すでにＢｔｏＢのマーケティングを行っている人には自明のことではあるが、あらためて明示的に議論の前提条件を挙げてみたい。

まず、なぜここまで徹底して「顧客価値管理」を行い「価値提案」を行わねばならないのか。ＢｔｏＣのマーケティングにおいては、目の前の消費者イコール意思決定者なので、その人をその気にさせればそれでＯＫなのだが、ＢｔｏＢでは上司や社内を説得しなければならない。そもそも中期経営計画の中に位置づいていなければならないし、予算取りも必要であり、上司の説得、上司によるさらに上司の説得も必要であり、予算の適正執行も常に組織内で監視されている。だからこそ、ここまで徹底して価値にこだわり、実証的・定量的な資料にこだわることが生きるのだ。

そう考えると、変化が非常に激しく、提案に時間がかけられない産業領域、そもそもデータが存在していないところ、規模が小さいところは、資料作成の手間がペイしないため、実は対象外であると考えてよい。

また、昔からの人間関係だけで成り立っているところにもあてはまりにくい。関係性よりも、提案の中身や条件が重視されていて、社内の意思決定プロセスがしっかりしている、コモディティ化に悩む近代的な大企業が、本書の主張が最もあてはまると考えられる。さらに言うならば、ドライな値段や条件による交渉が重視され、関係性や「誠意」がそれほど重視されていない文脈で一番あてはまると考えられる。

また、同じＢｔｏＢと言っても、細かいオフィスサプライのような、相手にとって重要性が低い領域や、御用聞き的ルートセールスで必要物の再発注を行うだけのような領域でも、本書の主張はあてはまりにくいと思われる。なぜなら、そもそも一つひとつの商談に「価値提案」のプロセスがないからだ。

ＢｔｏＢと言っても非常に幅は広いが、そのすべてに対して本書が有効とは限らない。本書を活用される企業は、自らその条件を満たしているかをよく考えた上、本書のアプローチへのシフトを行うとよいだろう。

では、本書の最大の価値はどこにあるかと言うと、ＢｔｏＢの領域で実際にどうしたら安易な値引きに応じることなく取引を成功させるか、を正面から論じている骨太さにある。そのために、常に顧客の立場で考え、表面的に見えないベネフィットやコスト削減を金額換算で明示的に示す方法を示しているのも価値は高い。

実際のＢｔｏＢマーケター、ＢｔｏＢ営業マンの立場で「使える」、すなわちコントローラブルなところで問題を立てているのも本書の価値であろう。逆に考えるとよくわかるが、例えば自分がコントロールできない商品の開発について、いくら「それもマーケティングである」と言われても、自分の守備範囲でないことがはっきりしている営業マンにとっては、どんなに正しいことであっても読んで役に立ったという実感はないだろう。無意識に想定されているコントローラブルの範囲が現実感のある範囲であること、その中で具体化されているのは、とても価値あることだと言える。

ところで本書を読んで、「日本でここまでやっている会社はあるのか」「そもそも日本にあてはまるのか」という疑問を持つ人も多いのではないかと思うので、一言解説しておきたい。

歴史的には、関係性が強いのが日本企業の取引の特徴であって、系列取引の中で個々の商談については合理的なプライシングや価値ベースの提案ができていないところがほとんどであった（長期的には合理性があることは多い）。そう考えると、確かにこれまでの日本企業には間尺が合わなかった可能性は高い。つまり、ここまでしっかりと「価値提案」を考え、事実を集めてモデルを作っていた会社は、ほぼ日本にはなかったと言える。

だからと言って、日本には本質的に向かないかというと、まったくそんなことはない。後述するが、日本企業をめぐる環境が最近飛躍的に変わってきている中で、系列以外の仕事の割合がどんどん増え、新規顧客開拓が非常に重要になってきている。ようやく本書が必要な時代が、日本のＢｔｏＢ界にも訪れたと考えるべきだろう。

本書が米国で出版された２００７年から現在までの10年間で、著者であるアンダーソン教授は本書をどのように発展させたのだろうか。代表的な３つの論文を紹介することでその軌跡を見てみたい。

「なぜ最も高い価格が最善の価格ではないのか」(James Anderson, Marc Wouters, Wouter van Rossum, "Why the Highest Price Isn't the Best Price", MIT Sloan Manegement Review, Jan 2010)

この論文は、本書の続編とも言える研究である。ビジネスマーケット研究に関するカンファレンスで、本書に関するキーノートスピーチのときに、調査に協力してくれる企業を募ったところ、１５０人が応じたと言う。またケロッグ経営大学院が主催する研究会やヨーロッパの技術志向の高い企業群からも協力を得て、最終的に24社をじっくり調査した結果がこの研究である。

本書はいかに価格競争に陥らないかという問題意識であったのに対し、この論文では逆に「価格は、高ければ高いほどよいのか？」という問いを立て、考察を深めている。結論として、短期的に値切れるだけ値切るアプローチは、実はあまりよくないこと、相手がフェアと感じることが重要であること、そして関係性を構築するほうが、価格だけでゴリゴリ交渉するよりもさまざまな長期的メリット（さまざまなコラボレーション、データの共有、より大きなシェア、商品の改善への協力、次回の取引がスムーズになる）があることが挙げられている。

「顧客の顧客から何を学べるか」(James Anderson, Marc Wouters, "What Can You Learn From Your Customer's Customers", MIT Sloan Management Review, Jan 2013)

この論文は、ハイテク企業を含む主にヨーロッパの24社についての事例研究である。本書『バリューマーチャント』においては、商品はすでに決まっている場合が中心であったが、この論文においては商品自体の「微調整」に焦点をあてている。営業の交渉で商品の中身が変わるような領域へ、領域拡大をしているという言い方もできる。

そのような領域の現実のビジネスをつぶさに観察すると、顧客の顧客まで巻き込むアプローチが有効であることを発見している。さらに、どんな立場やどんな契約関係で、顧客の顧客を巻き込むべきかと、問題を一歩進めている。そのような問題意識で現実のケースを見ると、オープンであることの重要性に気づく。例えば、従業員を共有するような方策、あるいは新たなビジネスモデルの開発など、本書『バリューマーチャント』のＢｔｏＢ営業の世界を超える世界に一歩踏み込んだ研究である。

「決勝得点営業」(James Anderson, James A. Narus, Marc Wouters, "Tiebreaker Selling",Harvard Business Review, March 2014)

近年のＢｔｏＢにおける購買価格は、最後のひと値切りをすることが増えたと言う。しかし、どれほど自社の提案が優れているかを強調するだけで価格交渉にまったく対応しないのも、簡単に価格で譲歩してしまうのも、どちらも正しいとは言えない。

タイ・ブレーカー（タイブレークの決勝得点）とも言える購買担当マネジャーが、意思決定を正当化するちょっとした材料を提供するのが正しい。購買担当にちょっとの心理的報酬を与えることで膠着状態にあった価格交渉から簡単に抜け出して着地することができるのだ。それは、納品時に購買社側のひと手間を省くような、ちょっとした提案であったり、ちょっとしたアフターサービスだったり、納品条件を若干譲歩することであったりする。

このような特に戦略的とは言えない小さな条件が、実際のビジネスにおいては重要であることに気づくと、それをさらに深掘りして「では、いったいどうすればよいのか」を実証的に編み出しているのが、この論文である。本書『バリューマーチャント』があえて語っていなかった部分に、「いや、待てよ、こっちも意外と重要かも」と、さらに考えを深めているところにアンダーソン教授の柔軟性が感じられる。

このようにアンダーソン教授は、60代半ばを超えた現在でも、実業界でコンサルタントとして、また産学協同のプロジェクトで深く関わり続けている。その一方で、そこで直面する現実の問題に取り組むことで、現役の研究者として自分の研究をより深めている。

まとめると、この10年のうちに本書の問題意識を3つの方向に発展させたと言える。

1つは「なぜ最も高い価格が必ずしもベストではないか」という問いをを追求する方向性、もう1つは商品自体の微調整がある世界、すなわち商品開発まで射程に入る主にハイテク産業についての顧客の顧客まで巻き込むという方向性。3つ目は、本書では切り捨てていた、営業の「最後の一値切り」的な要素について、あらためて正面から取り組んでいる。現実の現象をつぶさに見てしっかり議論を重ねるというのが、アンダーソン教授の流儀なのだ。

ここで、今後のテクノロジーの進展がもたらす未来について、とりわけ日本における変化へとさらに考えをめぐらせてみたい。

系列取引が占める割合が多く、親会社が子会社・孫会社の生産管理や開発に関するノウハウを提供し常時改善がなされている、というのが戦後の日本企業社会の特徴であった。製造業における典型はトヨタ自動車とその系列会社であり、流通業における典型は高度成長期までは松下電器の家電店、近年の典型はセブン-イレブン・ジャパンとそのベンダー群である。

例えば、トヨタに納品している部品メーカーは、トヨタの資本が入っていなくともトヨタ生産方式に精通し、品質や納品のタイミングはトヨタに完全にコントロールされている。あるいは弁当メーカーは一切資本を持たれているわけではないのに、100％セブン-イレブン本社にコントロールされていて、長期的関係の中で生産性の向上や新商品の開発をかなり深い協働関係で実現している。

世界の競争の中で競争力を持っていると、世界からはその現象が研究対象になる。1980年代は自動車メーカーや家電メーカーが世界的な成功を収めた。それゆえ、日本式経営が世界でも研究された。その頃の日本式経営の長期的な関係についての主な論調は、毎回毎回最も安いところから調達する欧米系に比べて日本企業の行動は一見不合理だが、繰り返しの中ではきわめて合理的だということだった。まず取引コストが節約でき、ノウハウも移転され、継続的に改善が進む。だから日本式経営は強い、というものだった。

ところがデジタル化の進展とともに、状況が変わってきたのがこの20年である。まず、ネット上で簡単に情報収集が可能になったこと、「グローバルスタンダード」の掛け声のもとに短期的な利益を追求することが正義になったこと、大企業グループが系列を維持しきれなくなったことなどにより、系列取引が徐々に分解し、比較購買が増え、新規に提案を求めるハードルがグッと下がったのだ。一言で言えば、インターネットを初めとするデジタル化の進展に物流インフラの拡充が加わり、取引コスト（探索コスト、評価コスト、スイッチングコストなど）が下がったため、系列を中心とする「長期的関係」が減り、「取引的関係」が増えたのだ。

さらにサードパーティ・ロジスティクスの発展により、自社で物流網を持たずとも全国展開が可能となり、ＥＭＳ（電子機器の受託生産サービス）の発展により、工場を持たないファブレスのメーカーも可能となった。ＢｔｏＢの関係もどんどん流動的になりつつあると言ってよいのではないだろうか。

具体的には、以前に比べると、展示会や見本市を入り口に取引がスタートするケースや、ホームページからいきなり取引がスタートするケースが増えたと言われている。

さらに取引をめぐる信用についても、今は中国先行、ＢｔｏＣ先行ではあるが、確実にネット上の信用情報は可視化され、初めての取引先との取引開始のハードルはさらに下がっていく。アリババは、芝麻信用というネット上の取引履歴、ネットワーク、コミュニケーション履歴などの情報を用いて、信用ポイントで全ユーザーを把握するようになった。そのポイントが高ければ無担保で即座にお金を借りられたり、瞬時にビザが発給されたりという優遇があるため、中国人はみなそのスコアを高めようと、ネット上でのお行儀が劇的によくなったと言われている。このように信用が可視化されると、なおさら系列取引的、あるいは昔からの人間関係的な「関係重視」から初めての取引でも厭わない方向にさらに変わっていくと思われる。

今はまだ関係性が強い日本の産業界も、このような変化を経由して、関係性重視から条件重視へ大きく舵が切られるだろう。そのときこそ、本書の有効性は高まる。ＡＩにより、自動的なセグメンテーション、営業のステータス管理、ステータスに応じたマーケティングオートメーションについては、精度がどんどん上がるであろう。人が行っていた、どの顧客にはどのタイミングでどういう追加情報を出すかといった作業は、どんどん機械に代替されていくに違いない。

さらにブロックチェーンによるスマートコントラクトが普及すると、契約の自動執行まで行うことができるようになる。例えば、納期が1日遅れたら○○円のペナルティという条項があったとすると、現在の紙の契約のもとでは、双方の合意の上で請求というプロセスが必要になるが、スマートコントラクトであれば、納期が遅れるたびに○○円のペナルティの自動支払いがなされてしまう。

かかる変化により、今後のＢｔｏＢの営業はどう変わるのか。自動化して人がいらなくなってくる部分と自動化できずに逆に人手が増える部分がある程度予想できる。

まず、細かい取引については自動取引化が起こるだろう。価格についても、自動的にオークションをすることは簡単だ。

また、自動補充発注で済むものは、自動発注に代わるだろう。それらの領域にかかっている営業的な手間は減るだろう。御用聞き的営業、営業事務に関しては、人が減ることが予想される。また相手により情報を出し分け、タイミングをはかってコンタクトをすること自体の手間は減る。

逆に、顧客にとっての本質的な価値を探り、データを集め、顧客にとってどれだけの価値があるかを計算し、それを用いて顧客企業内で通りやすい提案資料を作るなど、高度なコミュニケーション力と判断力を持つ営業、相手の事情や好みを理解し、説得のポイントを考え、ストーリーを組み立て、相手の気持ちを動かすような営業については、人工知能に代替されることはないだろう。

それが顧客価値管理の本質である以上、バリューマーチャント的な営業マンや営業組織はこれからもますます求められるに違いない。ただし、その時代のバリューマーチャントは、新しいテクノロジーを使いこなす力も求められると思われる。また、この営業活動のベースとなる顧客管理は、機械化・半自動化は進むがそれをどう活用するかについては人が考えるべき領域になるだろう。

さらに、顧客にとって本質的に重要でない購買（例・オフィスサプライ）は自動化されるが、顧客にとって本質的に重要な購買は、人間による組織的な意思決定が必要になるため、人の重要性は増すことがあっても減ることはない。

今後のＢｔｏＢマーケティングを展望するにあたって、注目すべきはＭＡ（マーケティング・オートメーション）とインサイド・マーケティングである。

まず、新規獲得活動の重要性は前述の通りで、まずはリードジェネレーション（見込み客を獲得する活動）が必要だが、膨大なさまざまなチャネルからの新たなコンタクトの中から有望なものに絞って関係を深め、成約率を高める必要が出てくる。そのためには、ウェブサイトとＳＥＯ、コンテンツマーケティングとブログ、ソーシャルメディア、ペイ・パー・クリック（ＰＰＣ）広告とコンテンツシンジケーション、ダイレクトメール、電話営業、コンタクトセンターのＡＩ化、メールマーケティング、リードナーチャリングとリードスコアリングなど、さまざまな活動を同期を取りながら、受注確率をあげていかなければならない。

すべて膨大なデータに基づく活動であるため、これは真剣に行うと人知を超える複雑なタスクとなりＭＡ（マーケティング・オートメーション）ツールが欠かせない。この分野は、あらゆるツールを駆使して効率化を図る分野になっていく。

しかし、ＭＡなどはツールであって、顧客にとっての価値については本書の通りに考えなければいけない。打率を上げるには、ツールをいかにうまく使うかが重要であるが、提案の中身については人がしっかり考え抜かなければならない。ツールが進むと、どこの企業も同じように、そのプロセスばかりが効率化するが、そのときに最も差がつくのは、いかに顧客にとっての価値を深く理解し、実証的定量的に示すことができるかである。いかなる時代にあっても、顧客にとっての価値を考え抜くことが、ＢｔｏＢマーケターにとって最大の価値である。

これまで営業と言えば「外回り」だったのが、一切外に出ない、メールと電話を用いた営業である「インサイドセールス」という営業組織・機能がどんどんできつつある。言わば遠隔営業である。

この領域も、あらゆるＫＰＩを駆使して最適化を行う分野になることは間違いない。対面で会わずとも、インサイドセールスだけで着地するシンプルな案件は、インサイドセールスだけで完結することも多いだろう。しかし、大型で複雑な案件ならば、さらに本格的な提案が必要なものもあるだろう。あるいはインサイドセールスで獲得した顧客の中から、さらに本格的な提案をすべきものが見えてくることもあるだろう。その場合は、本書のような顧客価値管理をしっかりと行うことが必要になる。インサイドセールスによるリードナーチャリングと顧客価値管理がうまく連動することが、今後の大きなテーマになるだろう。

以上述べた通り、テクノロジーの進展により営業は大きく変わるだろうが、本書の考え方やツールは有効であり続けるだろう。

監修者あとがき2　日本語版刊行に向けて

稲葉直彦

私がこの本と出会ったのは、今から10年ほど前（２００８年）のことである。ハーバード・ビジネス・レビュー誌に「法人営業は提案力で決まる」というレポートがあり、そのタイトルに目を止めたことが始まりだった。

レポートを読んで感銘を受けた私は、インターネットで著者のジェームス・C・アンダーソン氏がノースウェスタン大学ケロッグ経営大学院の教授であり、ＢｔｏＢマーケティング研究で世界的な一人者であること、そして原書『バリューマーチャント』の存在を知ったのである。当時は、洋書を購入することが今ほど簡単ではなく、苦労して米国より原書を取り寄せたことを記憶している。

原書を入手した私は、それ以来、いつもこの本を携えて、メーカーのマーケティングプランナーとして、ＢｔｏＢマーケティングのあり方の変革、実践に努め、効果を上げることができた。このレポートは、十数年の歳月を経た今もなお、色あせることなく、ハーバード・ビジネス・レビュー戦略マーケティング論文ベスト10にノミネートされ、世界の名著論文として称賛され続けている。

さて、私がなぜ、この『バリューマーチャント』に、当時、これほどまで心を打たれたのか、少し触れさせていただきたい。

当時の私は、コピー機メーカーの本社マーケティング部門で複合機システムの国内マーケティングを担当する新任マネジャーだった。コピー機業界は、国内に複数あるメーカー間で技術力は僅差となり、顧客の購買担当者は、商品の機能・性能にも大差がないと認識し、より安い価格の商品を購入する傾向が強くなっていた。いわゆる、コモディティ・ヘルの状況である。

コモディティ・ヘルとは、GE会長のジェフ・イメルト氏の言葉で、「競争の軸が限られてきており、差別化が難しく、その結果、価格競争にならざるを得ない地獄のような状況」である。そして、企業は、一旦、この地獄に陥ると、メーカー間の価格競争は激化し続け、業界全体が不毛の消耗戦を繰り広げて、互いに収益を悪化させ続けていくと言われている。

当時、コピー機メーカー各社は、この状況から抜け出すために、コピー機を顧客の社内ネットワークにつなぎ、プリンターやスキャナーとして活用できるカラー複合機システムへのプロダクトイノベーションに取り組むなど、新商品の開発競争を繰り広げていた。

このようなコモディティ・ヘルの状況で、メーカーの本社マーケティング部門に所属していた私は、現状の営業スタイルに危機感を持っていた。営業担当者は、顧客にとっての価値を提案するのではなく、商品の機能・性能を並べ立てて、自社商品は他社より優れていると豪語しながらも、最終的には価格で勝負する営業スタイルが当たり前になっていたからである。それは、企業力を根底から弱めていく原因になると危惧していた。つまり、コピー機が複合機システムに進化しても、コピー機業界の営業担当者たちは、これまでのコピー機で慣れ親しんだ機能・性能比較と価格勝負の営業スタイルから抜け出すことは簡単ではなかったのである。

私は、この状況を脱するためには、全国に数千人いるコピー機の営業担当者を、顧客の業務課題を解決する提案型営業に変革し、競合会社の営業担当者と価格ではなく価値で勝負する営業集団に変革する必要があると考えた。

こうした顧客価値提案による営業スタイルを通して、公正なリターンを対価として得ることができるようになれば、自社や業界全体が持続的に成長していくことができるはずだと考えたのである。そして私は、本社マーケティング部門として複合機システムの顧客価値提案プログラムの企画開発と全国の営業組織への展開に取り組んだのである。

私は、全国の営業組織から複合機システムの優れた顧客への提案事例を数百件ほど収集し、ベストプラクティス分析を行い、いくつかの顧客価値提案手法を明らかにした。そして、顧客価値提案の営業経験のない営業担当者が、提案手法を学び、営業ツールを使えば、一定品質の提案を実施できるような顧客価値提案プログラムを開発したのである。

しかし、このプログラムを営業組織へ展開していくことは、想定に反して難しく、なかなか理解が得られるものではなかった。これまでの営業方法、つまり商品の機能・性能比較と価格比較による営業方法でも、複合機システムの商談を進めることはできる。その営業方法が、結果的に競合他社との価格競争に陥り、大幅な値引きになったとしても、わざわざ慣れない顧客価値提案を実施することへの反発が多くの営業現場から起きたのである。

まさに、寝食を惜しんで作り上げ、信じるものが認められない暗闇を、信念だけを一点の灯りに、足元を照らしながら前進する中で、私は、『バリューマーチャント』に出会ったのである。

『バリューマーチャント』には、顧客価値提案プログラムを開発し、それを営業組織に広げていくことで経営が改善されることや、世界中の企業における取り組み事例を通して、その正当性が学術的な裏付けのもとで熱く語られていた。私は、『バリューマーチャント』に勇気づけられ、大きな自信を持ち、その後も営業変革のあり方として、その普及に専念することができた。

そして、その後、私の開発した顧客価値提案プログラムは、全国からグローバルの複合機システムの営業のあり方にも影響を与え、製品開発やサービス作りにも影響を与えるほどの存在になったのである。

「日本にイノベーションが引き起こらなかった理由は、日本企業がマーケティングを誤解しているから」（2014年7月28日・日本経済新聞）と、マーケティング研究で世界的に著名なフィリップ・コトラー教授（ノースウェスタン大学）は指摘している。コトラー教授は、日本企業では、マーケティングは商品を売るためのプロモーションやコミュニケーションと捉える傾向が強く、マーケティングによって商品や組織を変えられることに気づいている経営者が少ないと述べている。それが日本企業停滞の1つの理由であると分析しているのだ。

多くの日本企業は、商品やサービスを作り、販売する一連の流れの中で、最も川下の「いかに売るか」の部分がマーケティングだと誤解している。この誤解を解き、真に顧客価値を提案する営業への変革を実践することが、やがては企業の商品開発力や技術力を高め、揺るぎない競争力を生み出す源泉となるはずである。

私は、こうした国内の状況の中で、『バリューマーチャント』の思想こそがＢｔｏＢマーケティングの本質を深く考え、企業の経営哲学を育むきっかけになるものと実務経験から信じており、この思いをより多くの経営者や営業責任者、ＢｔｏＢマーケターの方々と共有したいと考え、日本語版出版を数年前に思いついた。

しかし、こうした良書も、商業出版の世界では、発行部数や採算の関係で日本語版の翻訳出版がかなわない実情があり、『バリューマーチャント』も、世界の良書でありながら10年以上もの間、埋もれ続けている背景を知ったのである。何か良い方法はないものかと模索している中で、海外の良書のクラウドファンディングによる翻訳出版を手掛けるサウザンブックス社と出会い、今回のバリューマーチャント翻訳出版プロジェクトを立ち上げることができた。

クラウドファンディングを活用した翻訳出版とは、賛同者を募り、書籍の先行予約を取り付けて、資金集めを行うものであり、かつての百科事典の販売方式に似ている。昨今の出版業界の主流となっている、商業出版とも自費出版とも異なる新しい出版モデルである。

ただ、この出版形態は、新しい考え方であるがゆえに、理解を得られるものでもなく、苦労もあった。しかし、立教大学大学院・岩田松雄教授（元・スターバックスジャパン最高経営責任者）の協力や多数の方々の支援を得て、目標額を大きく上回り、翻訳出版プロジェクトを成立させることができた。

また、翻訳にあたっては、私が経営する会社の学術顧問をお願いしている関西医科大学・西垣悦代教授の紹介で、立命館大学大学院・鳥山正博教授（ノースウェスタン大学ケロッグ経営大学院MBA）に監修の協力を得ることができた。鳥山先生を通じて、著者のアンダーソン先生との連絡も取りながら、より理解しやすい日本語訳に監修することができた。

日本国内では、ＢｔｏＢマーケティングの研究や書籍は少ないと言われている。ＢｔｏＢマーケティングを実践する経営者、マーケティングや営業の責任者の方々には、是非とも本書を読んでいただきたい。これまでの営業の位置づけや役割、あり方を見直して、「顧客価値を社会に届ける企業」としての経営哲学を育んでいただくきっかけになると考えるからである。

また、マーケティング、営業企画、販売促進、営業推進と名のつく仕事をされているＢｔｏＢマーケターの方々にも、是非、この本を読んでいただきたいと思う。今の仕事のやり方が本当に正しいのかを自問自答していただき、その解を見出していただくことができると考えるからである。

どれほど優れた製品やサービスを提供している企業であっても、ＢｔｏＢマーケティングの世界では、やがてコモディティ・ヘルという受け入れ難い現実に行き着く。そして、バリューマーチャントの思想を採り入れた営業のあり方の変革に全社で取り組むことが、企業としてコモディティ・ヘルから脱出する突破口になる。

このバリューマーチャントの考え方に賛同してくださる方々や、異論を唱える方々と共に、日本企業にイノベーションを引き起こし、日本のＢｔｏＢマーケティングを世界に誇る高いレベルに昇華させていきたいと期待している。

ルゼンチン)、コペンハーゲン・ビジネススクール（デンマーク)、ボルドー経営大学院（フランス)、ユニバーシティ・カレッジ・ダブリン（アイルランド)、トゥウェンテ大学（オランダ）で国際マネジメントセミナーを行っていた。

ＢｔｏＢ市場のマネジメントをテーマとする多数の論文を執筆し、ハーバード・ビジネス・レビュー、ＭＩＴスローン・マネジメント・レビュー、カリフォルニア・マネジメント・レビュー、ジャーナル・オブ・マーケティングなどの学術誌・業界誌に掲載されている。ジェームズ・Ｃ・アンダーソンとの共著に、『Business Market Management: Understanding, Creating, and Delivering Value（仮訳：BtoBマーケティング・マネジメント―顧客価値を理解し、創造し、提供する)』がある。

多数の企業で、マネジメントやコンサルティングの管理者研修セミナーを行ってきた。研究の道に進む前は、デュポンの企業マーケティングリサーチ部門で市場調査アナリストおよびフェローとして働いていた。

【監修者紹介】

鳥山正博（とりやま・まさひろ）

立命館大学ビジネススクール教授。国際基督教大学卒、ノースウェスタン大学ケロッグ校MBA、東京工業大学大学院修了。2011年まで野村総合研究所にて経営コンサルティングに従事。業種は製薬・自動車・小売・メディア・エンタテインメント・通信・金融などと幅広く、マーケティング戦略・組織を中心にコンサルテーションを行う。最近の研究テーマは、マーケティングイノベーション、脳科学とマーケティング、AIとマーケティング。監訳に『コトラー マーケティングの未来と日本 時代に先回りする戦略をどう創るか』（KADOKAWA)、『社内起業成長戦略 連続的イノベーションで強い企業を目指せ』（日本経済新聞出版社）などがある。

稲葉直彦（いなば・なおひこ）

1960年東京生まれ。大学卒業後、富士ゼロックスにて幅広い企業規模の顧客層を担当し、提案型営業を実践。その後、本社にてプロダクトマーケティング、価格戦略、販売推進を担当。2000年より提案型営業の企画推進マネジャーとして、独自開発の顧客価値提案プログラムを国内及びアジアパシフィック圏の営業組織に全社展開。同社営業のあり方に影響を与える。その後、本社マーケティング企画室長に就任。メーカーとして、製造と販売が一体となり、お客様への提供価値にイノベーションを起こす全社プロジェクトを推進。2015年にコーポレートウェルネス社を設立し代表取締役に就任。長年のBtoBマーケティングやマネジメントの経験から、BtoBマーケティングにイノベーションを起こす企業向け組織変革サービスの開発と提供に力を入れている。立教大学大学院修了、経営管理学修士（MBA)。米国・国際コーチ連盟日本支部（ICFジャパン）理事。

【訳者紹介】

岡村桂（おかむら・かつら）

青山学院大学国際政治経済学部卒。主な訳書に『ヘッジファンドの魔術師』『バーンスタインのデイトレード　入門・実践』『富者の集中投資、貧者の分散投資』『投資価値理論』『脳とトレード』（以上パンローリング)、『ハーバード・ビジネス・エッセンシャルズ　変革力・交渉力』（講談社)、『見抜く面接質問』（ディスカヴァー・トゥエンティワン)、『"富への道"の教え』（PHP研究所）などがある。

【著者紹介】

ジェームズ・C・アンダーソン　James C. Anderson

ノースウェスタン大学ケロッグ経営大学院ウィリアム・L・フォード基金の特別教授であり、専門はマーケティングと卸売販売。また、同校の行動科学の教授も務めている。ペンシルベニア州立大学 Institute for the Study of Business Markets（ＩＳＢＭ）のアーウィン・グロス基金の特別研究員、オランダのトゥエンテ大学の客員研究教授でもある。

法人市場における説得力のある価値提案の作成、製品やサービスの価値の実証・文書化の測定手法を主な研究テーマとしている。40本を超す論文の中でも、『Business Marketing: Understand What Customers Value（仮訳：BtoB マーケティング—顧客価値とは何か）』『Customer Value Proposition in Business Markets（バリュー・プロポジションへの共感を促す—法人営業は提案力で決まる）』を含む５本がハーバード・ビジネス・レビューに掲載されている。また、共著に『Business Market Management: Understanding, Creating, and Delivering Value（仮訳：BtoB マーケティング・マネジメント—顧客価値を理解し、創造し、提供する）（現在は第２版）』（Pearson Prentice Hall）がある。

顧客価値管理に特化した国際的なマネジメントコンサルティング会社、ジェームズ・C・アンダーソンＬＬＣの代表であり、北米、南米、ヨーロッパ、アジア、オーストラリアの多数の企業（アメリカン・エキスプレス、アルカディス、ビオメリュー、エクソンモービル、ＦＥＭＳＡエンパケ、ＧＥ、インターナショナル・ペーパー、ジョンソン・エンド・ジョンソン、マイクロソフト、オルカ・グループ、ＰＰＧインダストリーズ、３Ｍなど）でコンサルティングやセミナーを行っている。

ニラマルヤ・クマー　Nirmalya Kumar

ロンドン・ビジネススクールのマーケティング教授、エグゼクティブ教育学部長、マーケティングセンター長、アディティア・ビルラ記念インドセンター共同ディレクター。かつてはハーバード・ビジネス・スクール、ＩＭＤ（スイス）、ノースウェスタン大学でも教鞭をとっていた。

ノースウェスタン大学ケロッグ経営大学院で博士号を取得。50カ国50社を超すフォーチュン500企業で、マーケティング戦略をテーマとしたコーチング、セミナー指導、スピーチなどを行ってきた。また、ＡＣＣ、バータ・インディア、ＢＰエルゴ、デファクト、グジャラート・アムブジャ・セメント、ゼンサー・テクノロジーズの取締役会役員も務めてきた。

非常に多くの論文を執筆しており、『Global Marketing（仮訳：グローバル・マーケティング）』、ハーバード・ビジネス・スクール・プレスの『Marketing as Strategy: Understanding the CEO's Agenda for Driving Growth and Innovation（戦略としてのマーケティング）』や『Private Label Strategy: How to Meet the Store Brand Challenge（仮訳：プライベートブランド商品の戦略—小売業におけるＰＢ商品の課題）』（ジャン・ベネディクトＥ・Ｍ・スティンカンプとの共著）などがある。40以上のケースを論文にまとめ、ハーバード・ビジネス・レビューに４本の論文を寄稿している（最新の論文は『Strategies to Fight Low-Cost Rivals（低価格戦略にいかに対抗するか）』）。この他にも、主要業界誌に学術論文を寄稿し、1000件以上引用されている。多数の研究者賞を受賞。

ジェームズ・A・ナラス　James A. Narus

ウェイクフォレスト大学バブコック経営大学院ビジネスマーケティング教授、ペンシルベニア州立大学 Institute for the Study of Business Markets（ＩＳＢＭ）特別研究員。かつては、ノースウェスタン大学、ペンシルベニア州立大学、テキサス大学オースティン校、テキサスＡ＆Ｍ大学でエグゼクティブの育成プログラムの教鞭をとり、トルクァト・ディ・テラ大学（ア

バリューマーチャント

「価値」で勝負するB to Bマーケター

2018年10月29日　第1版第1刷発行

著者　ジェームズ・C・アンダーソン
ニラマルヤ・クマー
ジェームズ・A・ナラス

翻訳　岡村桂

監修　鳥山正博
稲葉直彦

発行者　古賀一孝

発行所　株式会社サウザンブックス社
〒151-0053　東京都渋谷区代々木2丁目30-4
http://thousandsofbooks.jp

装丁　渡邊民人（TYPEFACE）
本文デザイン・図版　谷関笑子（TYPEFACE）
翻訳協力　株式会社トランネット
編集　森 秀治
印刷・製本　シナノ印刷株式会社

Special Thanks
株式会社ビーブレーンクリエイション、東京事務代行株式会社、
株式会社Nexal 代表取締役 上島千鶴、イントリックス株式会社

978-4-909125-10-1